CHECK & STRIPE

みんなのてづくり

はじめに

朝、光の入ってきた仕事場で棚から1枚の布をそっと手に取ってみます。これから来る季節にちょうどいい布。そして、今度は窓のところに行って、その布を自然の光の下で透かしてみます。この布は誰のもとに行って、どんなものに変わっていくのだろう、そんなことを思いながら……。私は、自分が望んだわけでもなく気がついたら布屋になっていました。でも、その偶然を感謝せずにはいられません。布をご購入されたお客様が、次に来店された時には、それを別のものに作り替えて見せてくださる驚き。作った人も着る人も、みんなに手作りを楽しんでいただいているのだな、ということを感じる喜び。そんな幸せを、毎日お客様からいただいています。そうして、今度はCHECK&STRIPEから何か素敵な提案をさせていただきたいという願いからこの本は生まれました。リバティジャパンのご協力を得て、この本にはリバティプリントのカットクロスをつけています。ロンドンの草花を描いた小花柄の「パトリシア」は、リバティプリントの代表的な生地であるタナローン。CHECK&STRIPEが特別に、どこにもない色で色づけしました。上質な手作りの素材とともに、「みんなのてづくり」のお手伝いができれば、そしてそれが皆さんの笑顔を引き出すものに形を変えるのなら、そんなささやかな願いを込めてこの本をお届けします。

contents

part.1
リバティプリントのおしゃれ着　6

1 ｜ 後ろリボンのブラウス・大人　8
2 ｜ 後ろリボンのブラウス・子供　8
3 ｜ ブラウジングワンピース　10
4 ｜ ノーカラーのコート・子供　12
5 ｜ ノーカラーのコート・大人　13
6 ｜ タック入りバッグ　14

7 ｜ キルティングベスト・子供　15
8 ｜ キャミソールワンピース　16
9 ｜ ギャザーの巻きスカート　17
10 ｜ 子供の水遊び着　18
11 ｜ バニティケース　19

ヨーロッパの手芸屋さん案内　20

Paris　　パリ　20
London　　ロンドン　22
Stockholm　　ストックホルム　24

part.2

CHECK&STRIPE オリジナル布で作るシンプル服　26

12	ハーフパンツ・大人（メンズ）　28	18	すずらんのブラウス　34
13	ハーフパンツ・大人（レディース）　28	19	キルティングベスト・大人　36
14	ハーフパンツ・子供　28	20	ショール風カーディガン　37
15	黒い実のワンピース・大人　30		
16	黒い実のワンピース・子供　30		**違う布で作ってみたら**　38
17	アリウムのチュニック　32		

part.3

リバティプリント・パトリシアの小さなてづくり　40

21	リボンのミニバッグ　42	26	ベビーシューズ　51
22	小さなペンケース　43		ベビー帽の作り方　52
	リボンのミニバッグの作り方　44		ベビーシューズの作り方　53
	小さなペンケースの作り方　45	27	ランチクロスとお箸入れ　54
23	子供のキャミソール　46	28	コースターとコースターバッグ　55
24	おやすみネコのぬいぐるみ　47		ランチクロスとお箸入れの作り方　56
	子供のキャミソールの作り方　48		コースターとコースターバッグの作り方　57
	おやすみネコのぬいぐるみの作り方　49	29	ヘアバンドとシュシュ　58
25	ベビー帽　50	30	小さなソーイングセット　59

この本で使った布たち　60　　**あとがき CHECK&STRIPEのお店**　64　　**作り方**　65

※この本についているリバティプリントの生地サイズ 55cm×50cm は、
布のミミを含んだ寸法になります。

part.1

リバティプリントの
おしゃれ着

Vêtements gracieux à
liberty print

イギリスの田舎町の庭や牧場、森、そこに棲んでいる動物、妖精、そして草花……。それらをイメージしてプリントされた柔らかな手触りのタナローンのリバティプリント。CHECK&STRIPEでは、さまざまなリバティプリントのアーカイブの中からいろいろな柄を復刻させ、独自の色づけをしています。いつも企画をする時に考えるのは、洋服に使えるリバティプリントを作りたいということ。柄のかわいさだけではなく、洋服にした時のイメージをふくらませて柄や色をセレクトし、「CHECK&STRIPEならではのリバティプリント」を表現しています。ロンドンを歩いている時に見かけた老婦人の着こなすリバティプリント、パリの小さな店で飾られていた子供服やぬいぐるみ……。自分の抱いているリバティプリントのイメージはいつも心の中に残っていて、新しい柄を選ぶ時にそれらを思い浮かべています。この章では、そんなリバティプリントを使って、ふだん着からちょっとしたお出かけ着にもなる洋服や小物をご紹介します。

リバティプリントをお揃いで
Blouse en liberty print mère et fille

小さなころ、母の着ている洋服がうらやましくて「大人になったらあんな洋服が着てみたいなあ」と夢見たことがありました。母と同じ洋服を着て歩く、少し大人になったような、恥ずかしいようなうれしいような気持ち……。優しいタッチで描かれた花柄のリバティプリント「Thorpe」(ソープ)をくすんだトーンでアンティーク調に色づけし、親子でお揃いのブラウスを作りました。丈を長くしてチュニックやワンピースにしても素敵です。

背中で結ぶ小さなリボンがポイント。ふたりが仲よく
並んだら、後ろでリボンも仲よく並びます。

1　後ろリボンのブラウス・大人　作り方 P.68
2　後ろリボンのブラウス・子供　作り方 P.68

ペールトーンのブラウジングワンピース
Robe boule en couleurs pâles

淡いブルーと黄色がさわやかなリバティプリント「Emily」（エミリー）で作ったブラウジングワンピース。少しボートネック風になったネックラインが首回りをすっきりと見せてくれます。夏には帽子やサンダルを合わせて、さわやかなコーディネートを。また、ロングカーディガンやタイツ、レギンスを合わせて春や秋にも。ボタンやファスナーづけもなく、気軽に作れるワンピースです。

ウエストのゴム部分をブラウジングすることでスタイルが決まります。アレンジで共布のリボンを結んでも。

3　ブラウジングワンピース　作り方 P.70

柄をきかせたノーカラーのコート
Manteau imprimé sans col

ロンドンの街を歩いていた時、年配のマダムが大柄のリバティプリントのノーカラーコートを素敵に着こなしていらっしゃるのを見て、とても感動したのを覚えています。その時の柄が「Carline」(カーライン)。大きなバラ、ブルーとネイビーの色合い……、その時以来「Carline」はリバティプリントの中で一番好きな柄になりました。今回はどなたにも着こなしてもらえるよう、大人用は控えめに見返し部分に。子供用はかわいい木の実の「Clementine」(クレメンタイン)を使って、軽いワンピース感覚のコートにしました。

ボタンをかけたりはずしたりするたび
に見返しのリバティプリントが覗いて、
はっとさせられます。

4　ノーカラーのコート・子供　作り方 P.76
5　ノーカラーのコート・大人　作り方 P.76

タックの入った大きなバッグ
Grand sac plissé

トートバッグはたくさん持っているけれど、時にはこんな花柄のバッグがあればいいなあと思い作ってみました。ラベンダー色の小花柄リバティプリントの名前は「Meadow」(メドゥ)。草原という意味があります。さわやかにシンプルな白いシャツに合わせて持ちたいな、と思います。

6 タック入りバッグ 作り方 P.82

イチゴのキルティングベスト
Gilet matelassé imprimé fraises

初めてこの柄を見た時、小さなころを思い出しました。友だちの姉妹がイチゴの柄の帽子とワンピースをお揃いで作ってもらっていて、とてもうらやましかったのです。そんなイチゴ柄「Isabel」(イザベル)で提案するのは、子供のキルティングベスト。活動的で暖かいので寒い季節に大活躍します。

7 キルティングベスト・子供 作り方 P.79

ティアードのキャミソールワンピース
Robe à volants

スイートなデザインのキャミソールワンピース。
2段の切り替えの部分に控えめなギャザーを入れています。1枚ではもちろん、パーカに合わせてもかわいいし、Tシャツやタートルの上から重ね着しても。長さを肩ひもで調節できるので、いろんな着こなしが楽しめると思います。

8 キャミソールワンピース 作り方 P.86

たっぷりギャザーの巻きスカート
Jupe porte feuille froncée

後ろで結ぶゆったりと大きなリボンが
アクセント。甘くなり過ぎないように、
トップスや足もとはシンプルに。

リネンのリバティプリント「Dots」(ドッツ)で作っ
たのは、ギャザーの巻きスカート。ボタンもファ
スナーもいらない代わりに、生地はぜいたくにた
っぷり使っています。スカートにボリュームがあ
るので、トップスはコンパクトにまとめて。少し
ローウエストにしてはいても。

9　ギャザーの巻きスカート　作り方 P.88

小さな子供の水遊び着
Maillot de bain pour enfant

赤い木の実がかわいいリバティプリント「Wiltshire」(ウィルトシャー)で作りました。タナローンは水着素材ではないので、海辺やおうちのビニールプールで遊ぶ時に着せてあげてください。肌触りがいいので肌を優しく包んでくれ、ぷくっとした赤ちゃんのかわいらしさを引き立てます。

10　子供の水遊び着　作り方 P.72

キルティングのバニティケース
Trousse à maquillage

片側はファスナー付きポケット、もう一方はギャザーゴムのポケットをつけました。細かい仕分けもらくらく。

小花柄の中に小さな妖精が遊んでいるかわいい柄「Rivendell」(リベンデル)のキルティング地を使用。トランク型の小さなバニティケースを作りました。化粧品や小物を入れたり、子供がぬいぐるみを入れてお出かけするのにぴったりの大きさ。ケースの中には内ポケットが2つついています。

11　バニティケース　作り方 P.74

ヨーロッパの手芸屋さん案内

まるで絵本のような町並みや、スケールの大きな自然の中で育まれ、継承されてきたヨーロッパのてづくり文化。
たとえ小さなお店でも、商品の一つ一つにストーリーがあり、てづくりの大切さを教えてくれます。

パリのノミの市で見つけたゾウの貝ボタン。小さな目がかわいくて、思わず手に取ってしまいました。

Paris
パリ

モンマルトルの生地問屋街、ノミの市などで見つける古い糸巻きや色褪せた小花のプリントなど、パリにはてづくり好きにはたまらないかわいいものがいっぱいあります。子供の着ている服の色合いもシックで、小さなころからそういった色を自然に着こなすことを学んでいるようです。朝のマルシェで見かける果実の色や古い店の看板の色など、この街に来るといつも「パリならではのかわいい色」を探して歩いている気がします。

Merci
メルシー

メルシーはパリの子供服ブランド「ボンポワン」の元オーナーがオープンした大型セレクトショップ。この店の収益は一部恵まれない子供たちに寄付されているとか。2階には手芸品コーナーもあり、メルシーのコンセプトに賛同したアーティストが作品などを寄贈しています。ボタンやカラフルな毛糸など、あれこれ欲しくなってしまいます。

111 boulevard Beaumarchais 75003 Paris
☎01・42・77・00・33
営／10：00〜19：00
休／日曜
※手芸品コーナーは、一時的に
季節商品の売り場になる場合があります。

Le Petit Atelier de Paris

ル プティ アトリエ ドゥ パリ

アクセサリーは妻のジェさん、家具は夫のステファンさん、器はデザインから仕上げまでふたりで作り上げています。一つ一つ手でていねいに作られた作品には温かみがあり、さりげないそのてづくりの提案の仕方にも共感しています。店内はシンプルで遊び心があり、いつもノルマンディ生まれの柴犬、ポンポンがかわいく迎えてくれます。

31 rue de Montmorency 75003 Paris
☎01・44・54・91・40
営／13：00〜20：00
休／月〜水曜・日曜

L'heure Bleue

ルール ブルー

古い家具や工芸品、リネンクロスや古いコットンのベビードレスなどがところ狭しと集まっているアンティークショップ。レースなどの服素材のコンディションもよく、てづくりに使えそうなものもたくさんあります。ボルドーに別荘を持つオーナーご夫妻は、バカンス時にはいつも車でいろいろなところを回り、掘り出し物を探しているのだとか。

17 rue St-Roch 75001 Paris
☎01・42・60・23・22
営／12：00〜18：30(土曜15：00〜)
休／水・日曜

こちらもきのう仕入れたばかりというアンティークの子供服。すぐにていねいにアイロンをかけ、ディスプレイされていました。

London

ロンドン

ロンドンの古い町並みの中に、最近ところどころ新しいお店ができています。そのどれもが古いものを大切にする、シンプルだけど胸がきゅんとするようなかわいいものが揃っているお店。また、中心部から少し車を走らせるだけで、自然そのものに出会えるのもロンドンの魅力です。時折、羊やリスなど、かわいい動物が姿を見せてくれたり、フラワーガーデンでは可憐な草花が咲いていたり。リバティプリントでよく表現されている自然の風景が身近にあります。

Loop

ループ

2005年にインテリアスタイリストのスーザンさんが始めたお店。色、素材などにこだわる彼女のセレクトする毛糸は、アメリカやウルグアイ、イタリアなどから届くそう。毛糸小物などのディスプレイも、見るだけで心が温かくなります。気軽に作れるマフラーやキットも多く、特にプレゼント用のキットが人気。編み物教室も積極的に開催。

41 Cross Street Islington, London N1 2BB
☎020・7288・1160
営／11:00〜18:00（日曜12:00〜17:00）
休／月曜

店内に置かれていたイメージ用の看板。毛糸がつながって、お店の名前になっています。

Cloth House

クロスハウス

店に入ると手前には大きな裁断台、天窓のある奥には多くの反物が置かれています。シャツやネクタイ生地はロンドン、チェックはインド、リネンはアイルランド……と世界中から魅力的な布を集めているそう。フランスやロンドンのビンテージリボンやボタンも豊富。映画や舞台のコスチューム、また、学生さんの利用も多いというのもうなずけます。

47 Berwick Street, London W1F 8SJ
☎020・7437・5155
営／9：30〜18：00（土曜10：30〜）
休／日曜

自然なトリコロールの色が「使いやすそう！」と購入。布のほかにテープや糸も豊富。

Cabbages&Roses

キャベジズ＆ローゼズ

キャベツとバラという意味のこのお店は、ガーデニング好きで自家菜園を趣味としていた元『Vogue』のコーディネーターが2000年にオープン。中庭に面した自然光あふれる部屋には、ロマンティックなリネンのプリントがディスプレイされています。古い柄からインスピレーションを得て作られた布は、インテリアファブリックとしても人気。

3 Langton Street, London SW10 0JL
☎020・7352・7333
営／9：30〜17：30
休／日曜

Stockholm

ストックホルム

飛行機が空港に近づくと、窓からきれいな海や群島が見えてきます。スウェーデンの夏は夜でも明るくて、青い海と青い空にずっと抱かれているような感覚がします。大切な夏の光をたくさん浴びようと、花も人も輝いているように思えました。ここでは、長い冬の時間を過ごすために受け継がれてきた手工芸がとても盛ん。それを大切に守っていくための学校や店が充実し、最近は世界中からその伝統を学ぶために人々が集まるそうです。

Svensk Hemslöjd

スヴェンスク・ヘムスロイド

スウェーデンのクラフト協会が運営する伝統のあるお店。Hemは家、slöjdは手仕事をするという意味だそう。現在約300人の作家が登録していて、「日本からでも登録してもいいですか？」と言うと「もちろん！」とのこと。審査もいっさいないとか。エンという地元の木で作られた栞（しおり）や白樺のかごのほか、毛糸や布などのてづくり材料も充実。

Sveavägen 44
111 34 stockholm
☎08・23・21・15
営／10：00～18：00（土曜　～15：00、7月　～14：00）
休／日曜

R.O.O.M

ルーム

伝統とモダンを合わせた北欧インテリアを提案するルーム。初めて訪れた時、とてもかわいいネイビー×白のストライプのファブリックを見つけました。再び訪れ、私の店の名前がCHECK&STRIPEだと言うと、スタッフが"店のDNA"としてもチェックやストライプが好きで、シーツやカップなどに定番で使っているのですよ、と教えてくれました。

PUB/Plan03 Hötorget,
111 71 stockholm
☎08・692・50・00
営／10：00〜19：00(土曜　〜18：00、日曜11：00〜17：00)
無休

Svenskt Tenn

スヴェンスク・テン

1924年に創立されたストックホルムを代表するテキスタイルショップ。反物が並んでいる様子は圧巻。中でもJosef Frank（ヨセフ・フランク）デザインの植物柄の布が代表的です。1日にたった30mしか作れない生地は貴重で、スウェーデンのハンドクラフトを守るために、フラグシップショップはこの地域だけに限られているのだとか。

Strandvägen 5
114 84 Stockholm
☎08・670・16・49
営／10：00〜18：00(土曜　〜16：00、日曜12：00〜16：00)
無休

ヨセフ・フランクがデザインしたマンハッタン柄のポーチ。トリコロールの色使いがきれい。

※クリスマスや夏至などはお休みになります。

part.2

CHECK&STRIPE
オリジナル布で作る
シンプル服

Vêtements simples avec

les tissus de chez CHECK&STRIPE

小さなころ、誕生日にもらった48色のクレヨン。微妙な色のグラデーションに魅せられて、使うのがもったいなくて、ずっとずっと眺めていました。それから小学生になって絵の具の色を混ぜるともっといろんな色ができることを知り、それに夢中になりました。CHECK&STRIPEの布の色を決める時も子供のころと同じように夢中になっている自分がいます。糸の色、糸番手の太さ、織り方……それら一つ一つにこだわって、組み合わせています。きれい過ぎる布には少しシワ感を持たせたり、わざとプリントの色を褪せさせたり……。普通っぽく見えるけれど探してもどこにもないもの。着た時には布よりもそれを着ている人が引き立って見える……そんな願いを込めて作ったCHECK&STRIPEのオリジナル布で、布のよさがあるからこそ楽しめるシンプルで簡単な作品を提案します。

家族お揃いのハーフパンツ
Le même short pour toute la famille

12　ハーフパンツ・大人（メンズ）　作り方 P.83
13　ハーフパンツ・大人（レディース）　作り方 P.83
14　ハーフパンツ・子供　作り方 P.83

休日に家族全員でお揃いを楽しんでいただけるようなハーフパンツ。面倒なファスナーづけもなく、とても簡単。パパ、ママ、お姉さん、弟、とそれぞれ自由に布を替えて作ってみてください。ウエストはゴムとひもで調節できるイージーパンツタイプ。シンプルなものだけに、シルエットがきれいに出るようにデザインしています。今回は、公私ともに仲よくしているジャンさんご一家に登場してもらいました。〝みんなでお揃い〟〝みんなのてづくり〟がちょっぴりうれしくて、ちょっぴりテレくさくて……撮影中は家族みんなが笑い声に包まれました。

黒い実のワンピース
Robe imprimé mûre

親子お揃いのシンプルな黒のワンピース。同じ黒でも身頃部分はカシミア入りカットソー地、スカート部分は綿麻の布帛で切り替え、表情をつけました。特にスカートは生地を2枚重ねているので、透けも気にならず、ふんわりとしたシルエットに。シンプルな分、アクセサリーや小物との相性も抜群です。スカートの丈もお好みで。ふくらはぎが隠れるほど長くても素敵です。親子で着心地のいい、シックなお揃いを楽しんでください。

15　黒い実のワンピース・大人　作り方 P.90
16　黒い実のワンピース・子供　作り方 P.90

アリウムのチュニック
Tunique imprimé fleur allium

よくお店に飾る花のアレンジにアリウムを使います。清潔な白の質感と柔らかな花びら。この花から思い起こすイメージの布は白いダブルガーゼ。そんな白いダブルガーゼでヘンリーネックのチュニックを作りました。少し肩を落としたドロップショルダーのデザインがポイント。アリウムのような白いすっとしたシルエットで、凜としたイメージに仕上がりました。デニムやレギンスに合わせたり、ブーツとも相性がよさそうです。

17 アリウムのチュニック 作り方 P.94

すずらんのブラウス
Chemise imprimé muget

　小さな衿をつけて、胸もとにギャザーをあしらったブラウスは、清楚なすずらんのイメージ。大人の女性にこそ似合う、ちょっと甘めの1枚です。袖も裾もふんわりとして、歩くたびにすずらんのように柔らかく布が揺れます。合わせるボトムはパンツでもスカートでも。丈をそのまま長くして、シャツワンピースとして作っても素敵です。

18 すずらんのブラウス　作り方 P.97

キルティングベスト
Gilet matelassé

軽くて暖かいキルティングのベスト。P.15の子供のキルティングベストとお揃いです。ワンピースやタートルのセーターに合わせたり、寒い日はコートの下に着るのもおすすめ。写真のようにパーカの上にはおるのもかわいいと思います。皆さんはどんな着方をしてくださるのでしょう？

19　キルティングベスト・大人　作り方 P.79

ショール風カーディガン
Cârdigan châle

ウールガーゼジャージーという、始末の簡単な布を使って、軽くて暖かいカーディガンを作りました。カーディガンといっても袖通し口を作っただけのストールのような洋服です。作り方もとっても簡単。今日は赤い水玉のスカートと合わせてみました。部屋着としても活躍しそうです。

20　ショール風カーディガン　作り方P.100

違う布で作ってみたら

シンプルなデザインの服は、布を替えていろんな雰囲気の洋服を作ることができます。
せっかく取り出したパターン、1枚作ったら終わり！ではなく
季節や気分に合わせて、たくさんのオリジナルを作ってみてください。

後ろリボンのブラウス
8 PAGE

後ろリボンのブラウスをリネンで作りました。お母さんは「やさしいリネン ネイビー」、お子さんは「カラーリネン オールドローズピンク」で。ほかにもいろんな色の組み合わせで楽しんでいただけます。

ブラウジングワンピース
10 PAGE

「フレンチコーデュロイ ブルーグレー」で縫ってみました。生地を替えるだけで、たちまち秋冬用に。タイツやブーツとコーディネート。タートルと重ね着したり、ボリュームのあるカーディガンをはおってもかわいいと思います。

すずらんのブラウス
34 PAGE

すずらんのブラウスを「リネンピンドット」で作ってみました。清楚なイメージのブラウスに少し褪せたデニムを合わせて。ふんわりしたブラウスはかごバッグなどにも似合いそうです。

キャザーの巻きスカート
17 PAGE

リネンの水玉で作っていたギャザースカートを今度はマッシュルーム色の「コットンシャンブレー」で。布の繊細さがギャザーを引き立てます。カーディガンとハイヒールできれいめに。

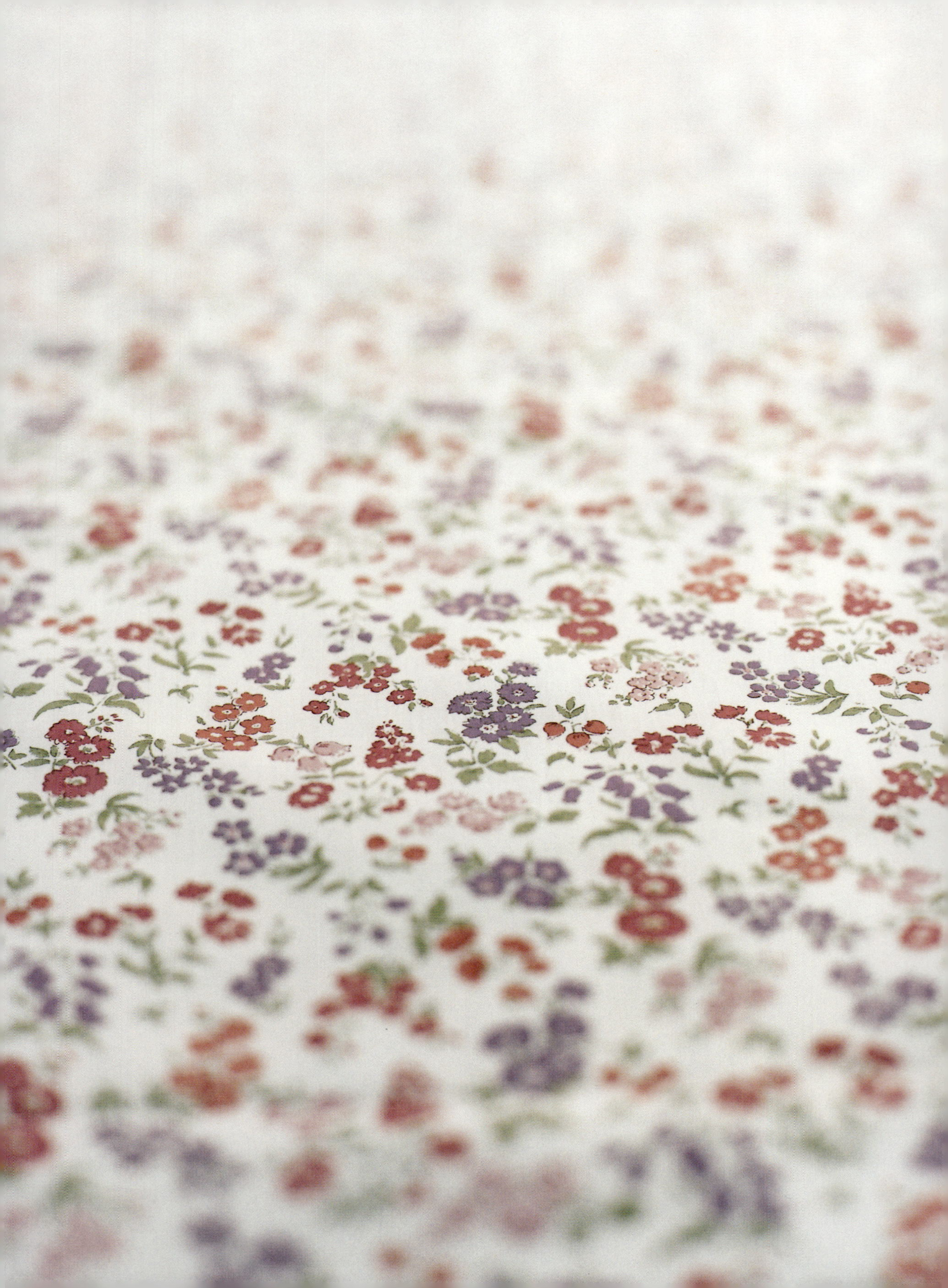

part.3

リバティプリント・パトリシアの小さなてづくり

Objets fait main en liberty print "Patricia"

この本では、リバティプリントの別注小花柄「パトリシア」をおつけしています。小花には、パープル、ローズピンク、ライラックなどの色づけをし、ほかにはない美しい柄に仕上がりました。リバティプリントと言えばやはりタナローン。これまでリバティプリントに触れたことのない方にも、細いコットン糸を密に織り、なめらかでシルクのような光沢もあるタナローンの手触りや質感を味わっていただきたいと思います。55cm×50cmという小さなカットクロスですが、リバティプリントの小花柄は、どんなに小さなはぎれでも捨てることができないほど、さまざまな作品に生まれ変わります。そんな中でも今回は、CHECK&STRIPEならではの小さなてづくりを10点提案しました。きっと洋服は無理だろうな……なんて思っていたけれど、1点だけ子供服も紹介しています。また、初心者の方にもわかりやすく、写真で作り方を説明した作品もあります。ご自分のために、またプレゼントとして、小さなかわいいてづくりを楽しんでいただければと思っています。

リボンのミニバッグ
Petit sac avec ruban

トートバッグやかごバッグの中で携帯電話や鍵が行方不明になることってありませんか？ そこで、小さなバッグを一つ用意して小物を入れておくと便利です。少し大きめにあしらったパープルのリボンがキュートなミニバッグ。お子さんが持つにもぴったりの大きさです。

21 リボンのミニバッグ　作り方 P.44

小さなペンケース
Trousse

かさ張るペンケースはイヤだし、かと言ってペンがすぐに見つからないのも困りもの。街で見つけたかわいいお店や通りの名前、お気に入りのフレーズをさっとメモできるよう、この小さなペンケースをバッグに忍ばせておきます。ペンを取り出すたびに小花柄が顔を覗かせ、思わずにっこり。

22　小さなペンケース　作り方 P.45

21 リボンのミニバッグの作り方

裁ち合わせ図

*布の裁ち方(縫い代1cm含む) 単位はcm

表布 55 × 30
- 表袋布 19×22 (×2)
- 持ち手 4.8×27 (×2)

裏布 33 × 45
- 裏袋布 19×42
- リボン 5.5×42 (×2)

出来上がり寸法
縦20cm×横17cm

材料
表布(リバティプリント パトリシア) ……… 55cm×30cm
裏布(C&Sハーフラミーローン パープル)
……………………………………… 33cm×45cm

作り方

1 リボンを2本作る。両端を5mmの三つ折りにしてミシンをかける。
2 表袋布を中表に合わせてリボンをはさみ、袋布の両脇と底を1cmで縫う。
3 表に返してアイロンをかける。
4 持ち手を2本作る。1.2cmの四つ折りにしてミシンをかける。
5 表袋布に持ち手を仮どめする。
6 裏袋布を中表に半分に折り、返し口を残して両脇を1cmで縫う。
7 表袋布と裏袋布を中表に合わせる。
8 袋口をぐるっと1周1cmで縫う。
9 返し口から表袋布を引っ張りだし、形を整える。
10 返し口をまつる。
11 リボンを結び、長さを決めてハサミでカットする。
12 リボンの先を5mmの三つ折りにし、まつって出来上がり。

22 小さなペンケースの作り方

裁ち合わせ図

*布の裁ち方(縫い代含む)　単位はcm

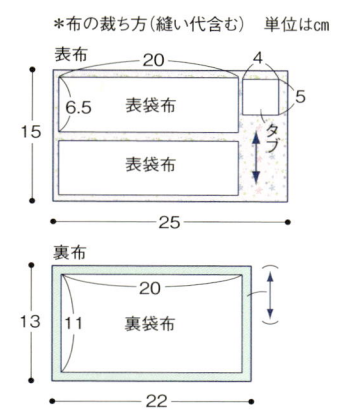

表布
20 / 4
15 / 6.5 表袋布 / 5
表袋布 / タブ
25

裏布
20
13 / 11 裏袋布
22

出来上がり寸法
縦5cm×横18cm

材料
表布(リバティプリント パトリシア) ……… 25cm×15cm
裏布(綿) ……………………………………… 22cm×13cm
ファスナー …………………………………… 20cm長さ1本

作り方

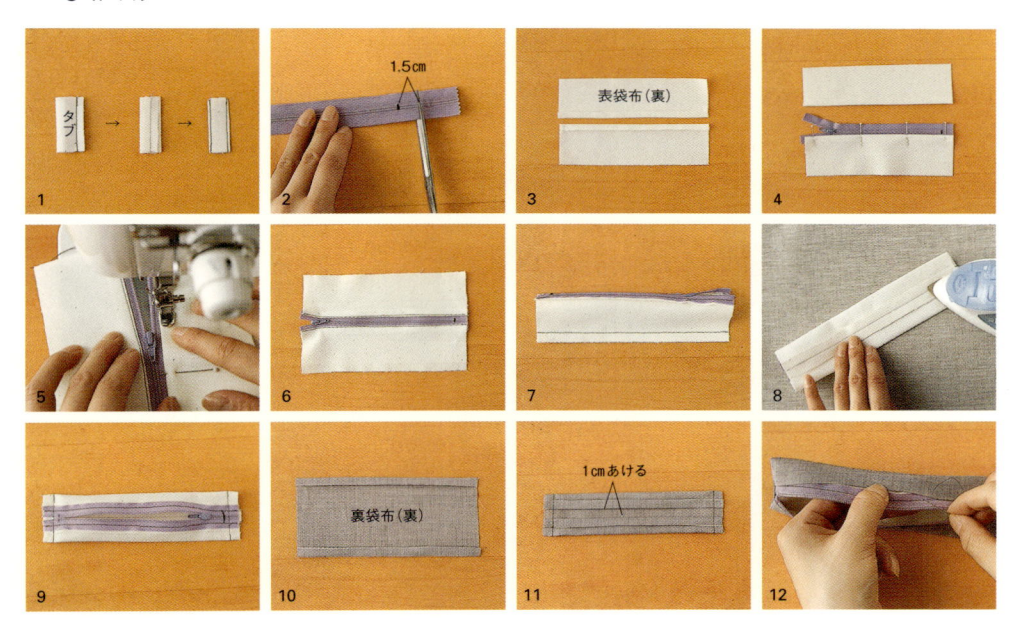

1. タブを作る。中表に合わせ、端を縫い代5mmで縫う。縫い代を真ん中で割り、表に返して両端2mmにステッチをかける。
2. ファスナーの下準備。長さ17cmのところを手で縫いとめ、1.5cm残してハサミでカットする。
3. 表袋布2枚の片側をアイロンで1cm折る。
4. ファスナーをつける。まず、片側をまち針でとめる。
5. ファスナー押さえを使ってミシンをかける。もう片側も同じようにして縫う。
6. ファスナーが縫い終わったところ。
7. 表袋布を中表に合わせて底を縫い代1cmで縫う。
8. 底の縫い代をアイロンで割る。
9. 袋布の片側にタブを半分に折ってはさみ、両端を縫い代1cmで縫う。
10. 裏袋布の両側をアイロンで1cm折る。
11. 裏袋布の両端を中表で縫う。その時、入れ口を1cmあけておく。
12. 裏袋布を表に返し、表袋布のファスナーにまつって出来上がり。

子供の肩リボンのキャミソール
Débardeur à bretelles avec rubans

小さなはぎれでも、子供のキャミソールなら作ることができます。今回は生地を最大限に利用して、肩ひもも共布で作りました。ジーンズに合わせたり、上からカーディガンをはおっても。ちょっぴりおヘソが出そうなところが、また子供のかわいさを引き立てています。

23　子供のキャミソール　作り方P.48

おやすみネコのぬいぐるみ
Chat endormi en peluche

旅の相棒は柄がかわいい小さなネコのぬいぐるみ。
殺風景なホテルの部屋に帰ってライトをつけると、
このネコが先に寝ています。もしかして、お留守
番がつまらなかったのかな？ 少し寂しそうな表
情……。でもまたそれが、てづくりのぬいぐるみ
のかわいらしさでもあります。

24 おやすみネコのぬいぐるみ 作り方P.49

23 子供のキャミソール

46 PAGE

布寸法をきっちり使いきっているので、
隙間なく配置してから布を裁ちます。

出来上がり寸法
- 90 …… 胸囲58cm・着丈(ひもを含まず)19.5cm
- 100 …… 胸囲62cm・着丈(ひもを含まず)20.5cm
- 110 …… 胸囲66cm・着丈(ひもを含まず)21.5cm

使用するパターン
前後身頃

材料
リバティプリント パトリシア…55cm×50cm

[裁ち合わせ図] 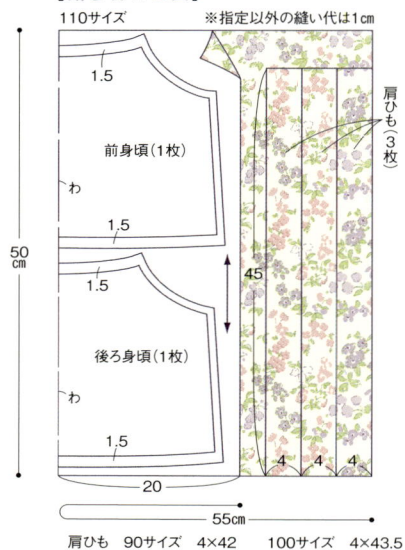
110サイズ　※指定以外の縫い代は1cm
前身頃(1枚)　1.5
後ろ身頃(1枚)　1.5
肩ひも(3枚)
50cm　45
20
55cm
肩ひも 90サイズ 4×42　100サイズ 4×43.5

◆ 作り方

1 ①〜⑥の順に、3枚の肩ひもを縫いつなぎ、四つ折りにして縫う。

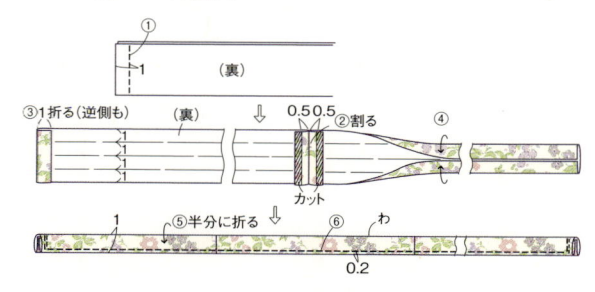

2 衿ぐりの縫い代をジグザグミシンで始末し、袖ぐりを三つ折りにして縫う。

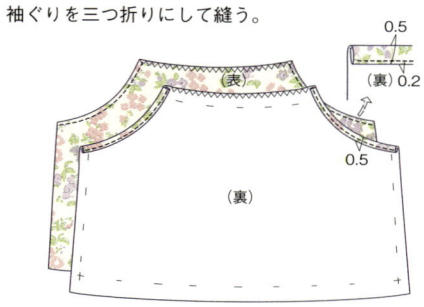

3 衿ぐりを折って縫う(肩ひも通しになる)。

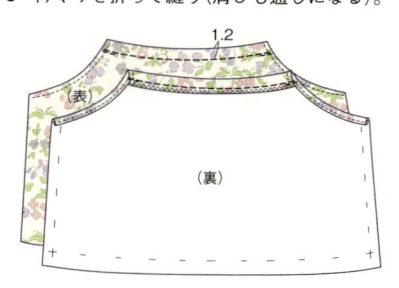

4 2枚を中表に合わせて脇を縫う。縫い代は2枚一緒にジグザグミシンで始末して前側に倒す。

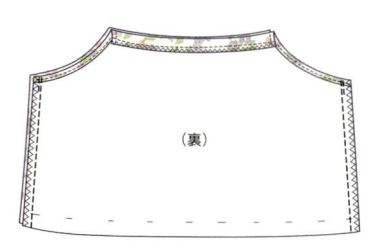

5 裾を三つ折りにして縫う。

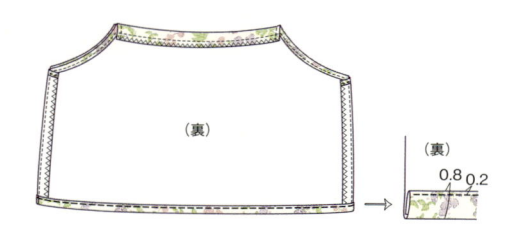

6 衿ぐりに肩ひもを通す。

24 おやすみネコのぬいぐるみ

47 PAGE

手芸用化繊綿はあまり詰め過ぎないように、ふんわりとした風合いに仕上げます。

出来上がり寸法
身長18.5cm

使用するパターン
体・手・足（101ページ）

材料
リバティプリント パトリシア…30cm×15cm
手芸用化繊綿 …………………… 適宜
25番刺しゅう糸 こげ茶 ………… 適宜

[裁ち合わせ図] ※縫い代は0.5cm

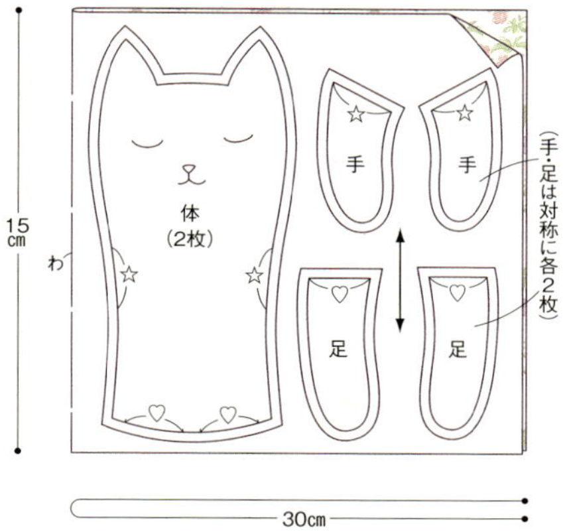

体（2枚） 15cm
手・足
（手・足は対称に各2枚）
30cm

✿ 作り方

1 手足をそれぞれ中表に合わせて縫い、表に返して綿を詰める。

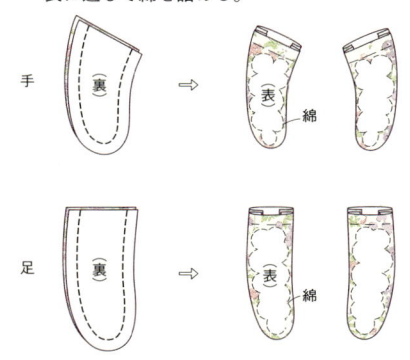

手（裏）⇒（表）綿
足（裏）⇒（表）綿

2 体を中表に合わせて☆と♡〜♡を残して縫う。耳のカーブに切り込みを入れる。

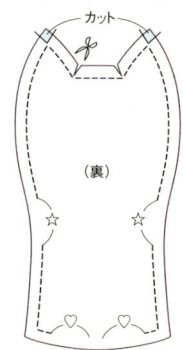

カット
（裏）

3 表に返して縫い代を折り込む。耳の先から順に綿を詰める。

（表）
縫い代を折り込む
綿

4 手、足を差し込み、筒状にまつりつける。目、鼻の刺しゅうをする。

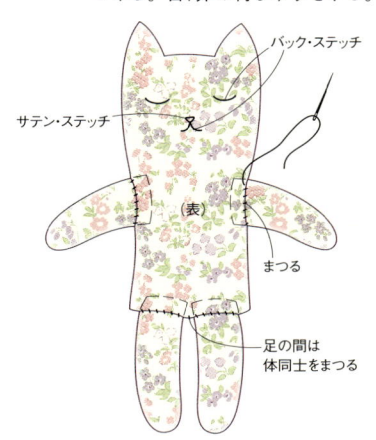

バック・ステッチ
サテン・ステッチ
（表）
まつる
足の間は体同士をまつる

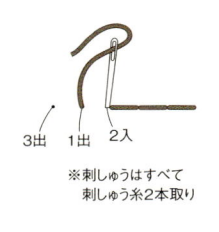

バック・ステッチ
3出 1出 2入
※刺しゅうはすべて刺しゅう糸2本取り

サテン・ステッチ

ベビー帽
Coiffe pour bébé

フリルがかわいいベビー帽を作りました。小花柄のリバティプリントはベビーものにぴったり。赤ちゃんの頭を優しく包み、お出かけ時に重宝します。出産のお祝いに作ってプレゼントしても。リバティプリントの似合う女の子になりますように。

25 ベビー帽 作り方 P.52

ベビーシューズ
Chaussures pour bébé

子供が生まれた時に、布で作ったベビーシューズをいただいたことがありました。飾っておくだけでかわいくて、記念に今でも大切に取ってあります。生まれた日や体重、名前を刺しゅうしてあげても素敵です。こちらも出産のお祝いにおすすめ。

26 ベビーシューズ 作り方P.53

25 ベビー帽

50 PAGE

バイアスで裁っているフリルと首ひもは伸びやすいので、伸ばさないように注意します。

出来上がり寸法
顔回り（ひも含まず）32cm

使用するパターン
サイド（102ページ）

材料
リバティプリント パトリシア…50cm×50cm
0.5cm幅のゴムテープ……………14cm

[裁ち合わせ図]
※指定以外の縫い代は0.5cm

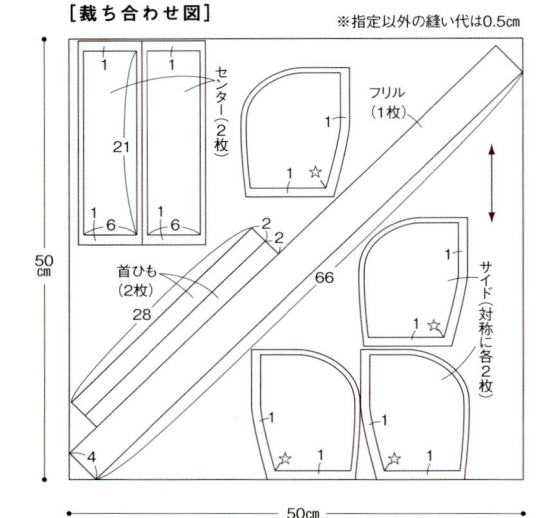

作り方

1. フリルを外表に二つ折りにし、粗い針目のギャザーミシンを2本かける。カーブに合わせて、縫い代を切る。

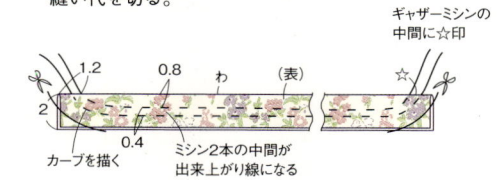

2. 首ひもを二つ折りにして縫う。ループ返しなどで表に返し、片側を0.5cm折り込んでまつる。

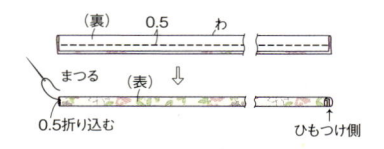

3. センターの左右にサイドを合わせて縫う。縫い代は割る。2枚作る。

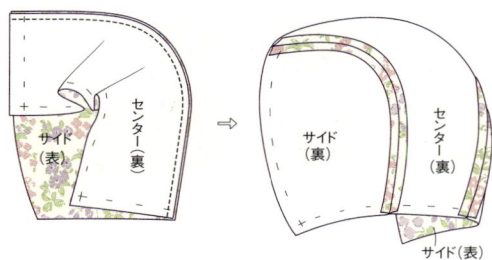

4. 3の1枚の顔回りに、糸を引いてギャザーを寄せたフリルを置き、首ひもと一緒にギャザーミシンの中央を縫う。

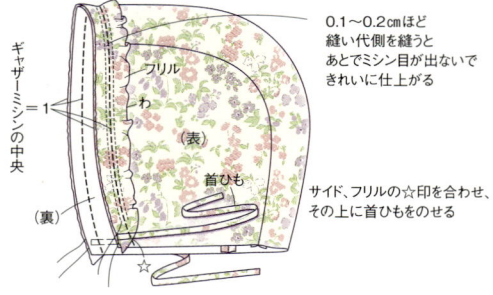

5. 4と3のもう1枚を中表に合わせ、顔回りから首回りを返し口を残して縫う。ゴムテープを縫いつける。

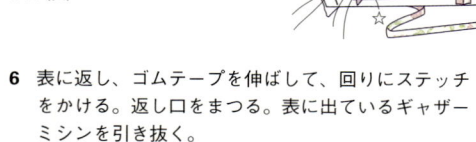

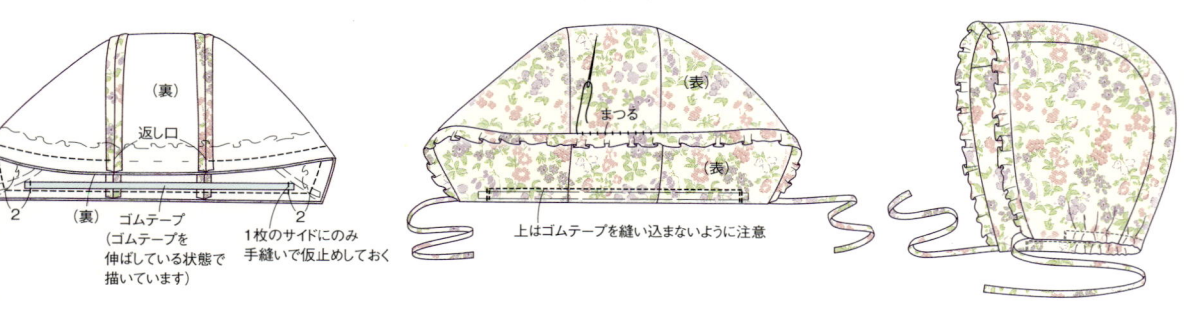

6. 表に返し、ゴムテープを伸ばして、回りにステッチをかける。返し口をまつる。表に出ているギャザーミシンを引き抜く。

26 ベビーシューズ

51 PAGE

バイアスで裁っているリボンコードは伸びやすいので、伸ばさないように注意します。底と側面は合印を合わせます。

出来上がり寸法
底4cm×9cm

使用するパターン
側面・底（103ページ）

材料
リバティプリント パトリシア…50cm×30cm

[裁ち合わせ図] ※縫い代は0.5cm

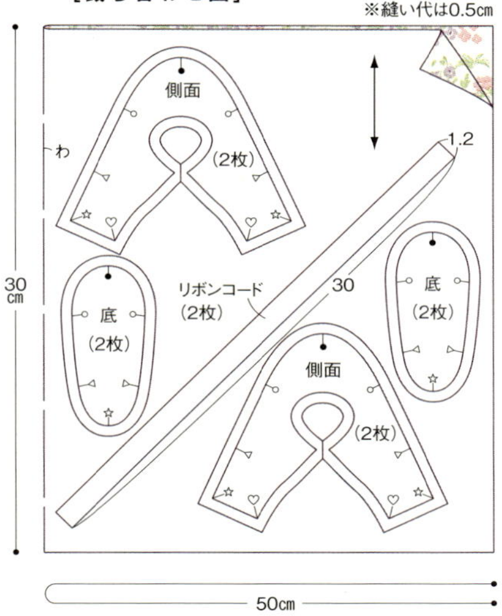

作り方

1 リボンコードを二つ折りにして縫う。ループ返しなどで表に返し、両端を0.3cmくらい折り込んでまつる。

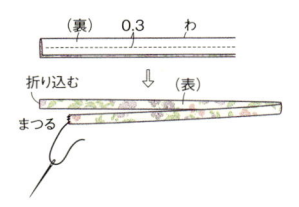

2 側面2枚を中表に合わせて縫う。カーブに切り込みを入れる。

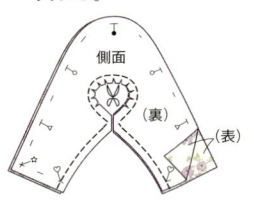

3 表に返して、アイロンで整える。

4 かかとを開いて図のように中表に合わせて縫う。

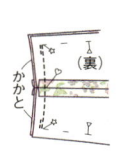

5 外表に合わせた2枚の底と側面を図のように合わせて縫う。

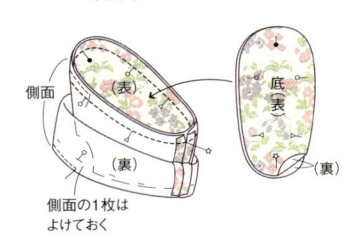

6 縫い代を側面側に倒す。よけておいた側面の縫い代を折る。

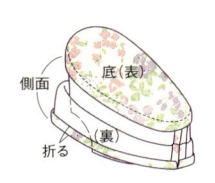

7 側面を底にまつる（表に糸が出ないようミシン目にまつる）。

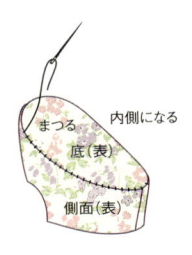

8 表に返し、リボンコードホールを作り、リボンコードを通す（リボンコードホールはボタンホールと同じ）。もう片方も同様に作る。

ランチクロスとお箸入れ
Serviette & étui à baguettes

お弁当の楽しみは、中身だけではなくてづくりの
ランチクロスとお箸を入れる小さな袋。こんなか
わいい小花柄クロスでお揃いを作ったら、誰かに
ほめられること間違いなし！ クロスは、お弁当
包みだけでなく、ハンカチとして使っても。

27 ランチクロスとお箸入れ　作り方 P.56

コースターとコースターバッグ
Sous-verre & son petit sac

コースターは一度にたくさん作っておきます。小さな袋にしまっておけば、引き出しの中にきれいに収まって便利。今日はサクランボのシロップをソーダで割った飲み物とコースターでおもてなし。赤い実がリバティプリントの柄にとても合います。

28　コースターとコースターバッグ　作り方P.57

27 ランチクロスとお箸入れ

54 PAGE

お箸入れは表布、裏布を合わせて縫う時の、合わせ方に注意します。

出来上がり寸法
ランチクロス……33cm×33cm
お箸入れ………23cm×3.5cm

材料
[表布]リバティプリント パトリシア…40cm×50cm
[裏布]C&Sハーフラミーローン パープル
……………………………………25cm×15cm

[裁ち合わせ図]

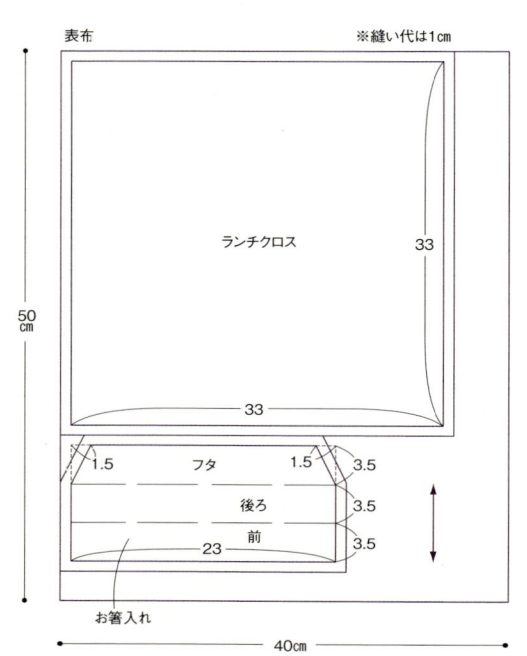

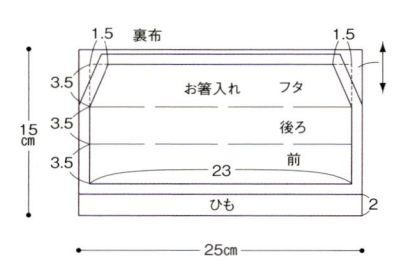

※縫い代は1cm

ランチクロスの作り方

ランチクロスの回りの縫い代を三つ折りにして縫う

お箸入れの作り方

1 ひもを二つ折りにして縫う。ループ返しなどで表に返す。
片側は縫い代を折る

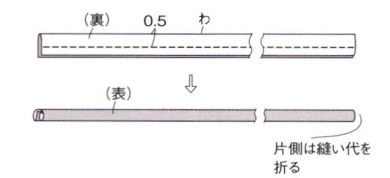

2 図のようにたたみ、中央にひもをはさんで三方を縫う。

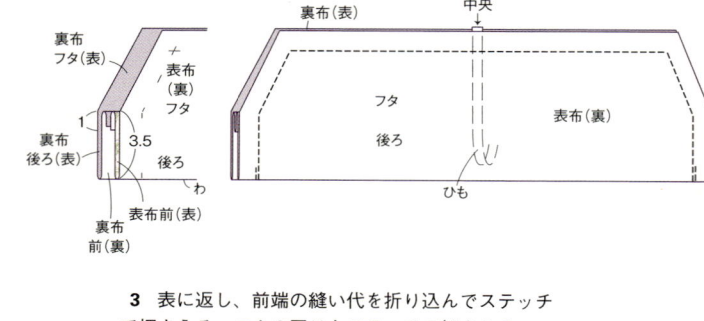

3 表に返し、前端の縫い代を折り込んでステッチで押さえる。フタの回りもステッチで押さえる。

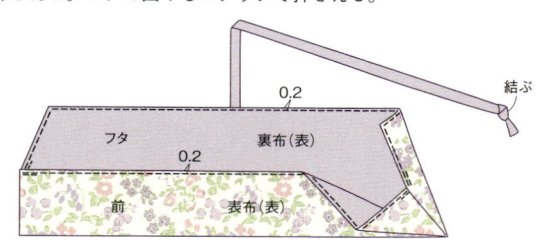

結ぶ

28 コースターとコースターバッグ

55 PAGE

出来上がり寸法
コースター……………9cm×9cm
コースターバッグ……12cm×11cm

材料
リバティプリント パトリシア…55cm×36cm
薄手接着芯……………………70cm×25cm

コースターは2枚を縫い合わせる時の布端のズレをなくすため、縫い代を図のように入れ込みます。

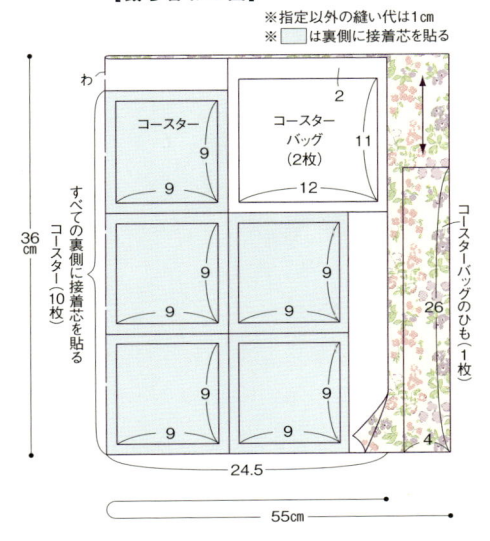

[裁ち合わせ図]
※指定以外の縫い代は1cm
※ □ は裏側に接着芯を貼る

コースターの作り方

1 縫い代をそれぞれ図のようにアイロンで押さえる。

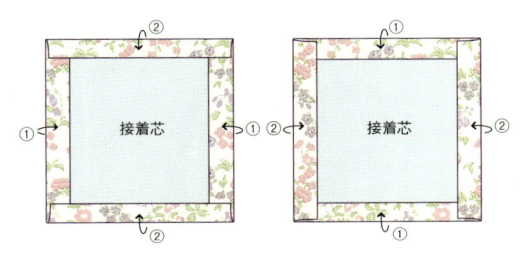

2 2枚を外表に合わせ、四隅の縫い代を下図のように入れ込む。回りをステッチで押さえる。

コースターバッグの作り方

1 ①～③の順にひもを四つ折りにして縫う。

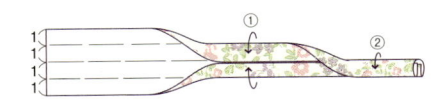

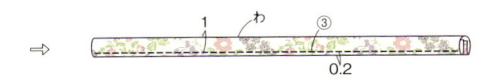

2 バッグ2枚を中表に合わせて縫う。縫い代は2枚一緒にジグザグミシンで始末する。

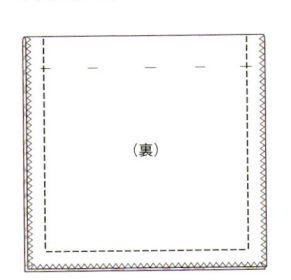

3 縫い代を片側に倒して、入れ口を三つ折りにし、両脇にひもをはさんで縫う。

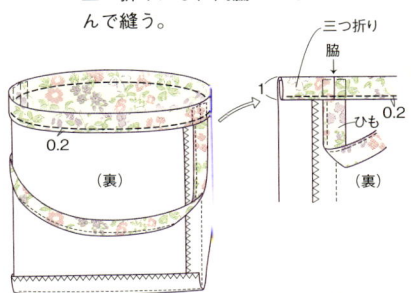

4 表に返して、ひもを折り上げ縫い止める。

ヘアバンドとシュシュ
Serre tête & chou chou

きりりと髪を上げたり結んだり……髪をきれいにまとめるのに便利なヘアバンドとシュシュを作ってみました。仕事をしたり、家事をしたり……そんな忙しい毎日にも活躍します。ヘアバンドやシュシュは好みで幅を変えても。

29　ヘアバンドとシュシュ　作り方 P.66

小さなソーイングセット
Kit couture

しまう時は三つ折りにしてリボンで結びます。持ち運びしやすい縦10cm×横7.5cmのコンパクトサイズ。

洋服のボタンが取れた時、さっとバッグの中から裁縫道具を出して、つけてあげられる人になりたいな、と思っています。かわいいソーイングセットがいつもバッグの中にあれば、そんな小さな夢もすぐにかないそうです。

30　小さなソーイングセット　作り方 P.67

この本で使った布たち

P. 8

1
リバティプリント
ソープ

1968年にデザインされた小花柄。'30年代風のノスタルジックなこの柄に、あえて褪せたようなアンティーク調の色づけをしてみました。大人の服はもちろん、お子様の服にも。パリっぽい雰囲気に。

P. 10

2
リバティプリント
エミリー

こちらは1940年に生まれた柄。ガーデニング愛好家の庭をイメージし、小花だけでなく、中サイズの花も描かれているのが特徴です。優しい色合いで、多くの人に愛されています。

P. 12

3
リバティプリント
クレメンタイン

モチーフはクレメンタインという果実。2002年にデザインされました。布いっぱいに描かれた小さな実が愛らしいので、今回は実を赤く色づけしたものを子供のコート用に選びました。

P. 12

4
C&Sやさしいリネン
ホワイト×ベージュ

日本で織ることのできる一番細い番手で織ったリネンです。縦糸を白で、横糸はリネンそのままのベージュを使い、シャンブレーに仕上げました。花柄との相性がよいリネンです。

P. 13

5
C&Sリネンツイル
ベージュ

リネンの糸で織ったツイルはとても珍しく、生地のまま染め上げる「生機（きばた）染め」を2回することで手触りのよさを出しました。織りは滋賀、染めは倉敷。小さな工場の力を発揮できた布です。

P. 13

6
リバティプリント
カーライン

1994年にデザインされた、はっとするような大きなバラの柄は、さすがリバティプリントと思わせてくれる布。上品でいつ見ても新鮮さを感じます。シンプルなデザインの洋服に。

P. 14

7
リバティプリント
メドゥ

メドゥ（草原）というそのネーミングがふさわしい野原に咲く優しい花々を描いた柄は、1930年代に作られたそう。色合いも優しく、CHECK&STRIPEでは、長い間のロングセラーになっています。

P. 14

8
C&Sやさしいリネン
パープル

4の色違い。柔らかく少し透け感があるこのリネンは、ギャザーがきれいに入り、洋服にした時に繊細な表情が生まれます。パープル・カシス系のリバティプリント、パトリシアとも色が合います。

限定で作ったリバティプリントやCHECK&STRIPEにしかないオリジナルの布が、一つ一つ増えていきました。お客様からの要望がヒントになったり、作り手である工場と積み重ねたやり取りが、想像以上の結果を生んだり……、一つ一つの生地に思い出が詰まっています。

P.15

9
リバティプリント イザベル
×リネンキルティング

イチゴ柄の愛らしいリバティプリントとリネンを合わせてキルティングした布。CHECK&STRIPEならではの「あずきミルク」という色を別注でつけ、ニュアンスを加えました。

P.16

10
リバティプリント
ロザリンド

1965年にデザインされた、線描で表現された愛らしい小花柄。上品なこの柄は、大人のキャミソールワンピースなどに。あえて色褪せたジーンズとコーディネートするのもいいと思います。

P.17

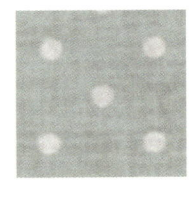

11
リバティプリント
ドッツ

リバティプリントには珍しい水玉。リバティプリントのアーカイブの中から見つけた時は思わず、「かわいい！」と声をあげてしまったほど。リネン地にプリントした色や質感も魅力的です。

P.18

12
リバティプリント
ウィルトシャー

ベリーの実がかわいいこの柄が生まれたのは1933年。その後1968年に復活し、ずっと定番柄として親しまれています。小花柄ももちろん好きですが、私はどうも"実柄"に弱いようです。

P 19

13
リバティプリント リベンデル
×リネンキルティング

まるで童話に出てくるような、森の妖精がモチーフになったデザイン。CHECK&STRIPEではこの遊び心のある柄を、裏にリネンを合わせてキルティングしました。コートやベスト、小物などに。

P.28

14
C&Sナチュラルコットンチノクロス
カーキ

ありそうでなかなかない風合いのあるチノクロス。この布ができた時「こんな布が作りたかったんだ……」としみじみ実感しました。リネンツイルと同様、生機染めをすることで自然なシワ感が出ます。

P.28

15
C&Sナチュラルコットンチノクロス
ネイビー

この布を作るために、いろんな工場を訪ねて断られ、やっと浜松の工場を見つけ、糸の密度が高いしっかりとした目付けで織りました。それを今度は倉敷で染色。ナチュラル感を大切にしています。

P.28

16
C&Sハーフリネンギンガムチェック
ベージュ×黒

今や日本にはあまり残っていない力織機（りきしょっき）で、80歳近い職人が織っています。1日に作れるのはたった30m。ていねいに時間と手間をかけるので、ふんわりとした質感が生まれます。

※布名のC&SとはCHECK&STRIPEオリジナルの略です。

P.28

17
C&Sサマーストライプ

さわやかなブルーのストライプは、ジャケットやボトムにおすすめの布。ハリ感を出すため、双糸を使い、打ち込み本数を多くして、高密度で織っています。シワ加工でナチュラル感も添えました。

P.34

21
C&S100/2(ひゃくそう)
海のブロード

人気の布「海のストライプ」の無地版。超長綿(スーピマコットン)を使い、肌触りのよさを追求。一般的なブロードとは違うナチュラル感を出すため、ほんの少しシワ加工を施しています。

P.30

18
C&Sカシミア入り天竺
黒

超長綿(スーピマコットン)を用い、カシミアを10%入れて編み上げたとても手触りのよい天竺。普通に洗濯をしても大丈夫です。和歌山で編み、染めは群馬の桐生で行い、深い黒の色を出しました。

P.36

22
C&Sキルティング
ブラウン

CHECK&STRIPEのスタッフの中では「つるつるのキルティング」と呼ばれている布。軽くて暖かく、ジャケットやダウンベストに重宝します。ていねいにキルトしてくれる小さな工場で加工しています。

P.30

19
C&Sハーフラミーローン
黒

縦は60番の双糸、横は100番のラミー麻で織りました。日本でしか作れない繊細な麻糸を用い、浜松で織った布にはラミーならではのシャリ感があります。薄手だけど、しっかりとした風合いが魅力。

P.37

23
C&Sウールガーゼジャージー
グレー

この布はカットするだけで、まったく縫わなくてもストールにすることが可能。布のミミは自然にまるまってほつれることもなし。味のある質感で、ストール用に10色すべて欲しくなってしまう布です。

P.32

20
C&Sナチュラルコットンダブルガーゼ
ホワイト

80番手の単糸で織ったダブルガーゼ。この細さの糸で織ったダブルガーゼはほかでは見たことがありません。細い糸で織ることにより、洗いをかけると思いがけず自然ないいシワ感が生まれました。

P.37

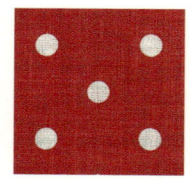

24
リバティプリント
ドッツ

11の色違い。この赤の色も本当にかわいくて、使うのが惜しいほど気に入っています。リバティプリントのアーカイブの中からこの布を復刻できたことは、生地屋冥利に尽きる喜びでした。

P.38

25
C&Sやさしいリネン
ネイビー

ネイビーは好きな色だけに、その色の深さにもこだわっています。洋服用の生地としてたくさんのお客様に愛されているやさしいリネン。厚過ぎず、薄過ぎず、透け感を気にすることもありません。

P.39

29
C&Sコットンシャンブレー
マッシュルームベージュ

CHECK&STRIPEならではの細い糸を使ったオリジナルのシャンブレー。ベージュの横糸を増やして色をはっきり出せるように工夫しています。マッシュルームのような上品な色にもこだわりました。

P.38

26
C&Sカラーリネン
オールドローズピンク

「やさしいリネン」より少しだけ太い番手の糸で織られています。洋服だけでなく、雑貨にも使える質感は定番として人気。お店のロングセラーです。たくさん作ることで価格を抑えています。

P.42〜59

30
リバティプリント
パトリシア

ロンドンのイングリッシュガーデンに咲くスノーフレイクやメイフラワーをイメージしたこの柄は1979年に誕生。人気のこの布にCHECK&STRIPEならではのパープル系の色づけをしました。

P.39

27
C&Sフレンチコーデュロイ
ブルーグレー

細畝(うね)は一見普通のシャツコーデュロイに見えますが、実は最後にちょっとだけCHECK&STRIPEらしくハリ感を持たせる加工をしています。色も肌をきれいに見せるブルーにこだわりました。

P.42

31
C&Sハーフラミーローン
パープル

19の色違い。お客様に人気のあるパープルは、できるだけ上品な深い色に仕上げるようにしました。薄手でシャリ感のあるこの素材に合わせ、微妙な色の調整をしてこのパープルが生まれました。

P.39

28
C&Sリネンピンドット
白にネイビーのピンドット

26と同じ品質のリネンに、細かい紺の水玉をプリント。京都で手捺染(てなせん)という模様染めをしています。何度も色を重ねるので、柄の色が少しズレたりしますが、それがまた魅力。

表紙

32
C&Sやさしいリネン
オールドローズピンク

4、8、25の色違い。ロンドンのチェルシーフィジックガーデンで見かけた可憐なバラをイメージして作りました。上品で華やかなピンクに仕上がったと思います。コーディネートのさし色に。

※布名のC&SとはCHECK&STRIPEオリジナルの略です。

遠足の日、朝起きると枕もとに白い綿レースのワンピースがたたんで置かれていました。母が夜中に縫ってくれたことがうれしくて、そのワンピースの色や手触りは今でもずっと心に残っています。ミシンがカタカタと音を立て、1枚の布が自分の洋服になっていく……。それがとても不思議で、母がボタンを選ばせてくれたり、仮縫いの時に丈を相談してくれたり、そんなことも一つ一つ楽しい思い出です。CHECK & STRIPEの布もそういった温かなエピソードの一つに加えていただければ、そしてこの本が皆さんの"てづくり"の役に立てていただければ、と心から願っています。

CHECK&STRIPE　在田佳代子

CHECK&STRIPEのお店

* 　ネットショップ　CHECK&STRIPE

1992年に布の販売を始め、ネットショップをスタートしたのが1999年。当時のお客様の子供たちが、今では大人になり「CHECK&STRIPEの布で育ったのよ」というお話を聞くこともちらほら。さらに、そのお子様が、お裁縫を始めたという話を聞くこともあり、創業以来18年を経て、"てづくり"が人の手から手に伝わっていることを感じています。このサイトでは、お客様が自由に作品をアップするコーナーや、オリジナルのパターン、本の作品をていねいに解説するコーナーなども人気です。

http://checkandstripe.com/

* 　CHECK&STRIPE直営店／神戸／自由が丘

2006年に神戸店が、2010年に東京・自由が丘店がオープン。オリジナルのリネンやコットン、別注を含めたリバティプリントなど人気の布を求める人で、店内はいつもにぎわっています。また海外で見つけたボタンや、オリジナルのタグ、テープ、アップリケなど、ほかにはない品揃えにもこだわっています。

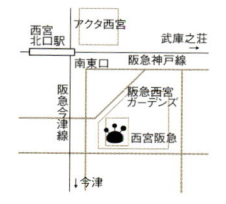

* 　&FLOWER

たった6坪の小さな店ですが　ぎっしりとリバティプリントの魅力が詰まった店。別注で作ったリバティプリントを中心に、ロンドン直輸入のリバティプリントも充実しています。シャツのオーダーなど、他店と違ったサービスも。

神戸店
〒650-0003
兵庫県神戸市中央区山本通2の2の7の103
☎078・904・7586
営／10：00〜19：00　無休(年末・年始を除く)

自由が丘店
〒152-0034
東京都目黒区緑が丘2の24の13の105
☎03・6421・3200
営／10：00〜19：00　無休(年末・年始を除く)

&FLOWER
〒663-8204
兵庫県西宮市高松町14の1西宮阪急1F
☎0798・62・1381(代表)
営／10：00〜20：00　無休

mode de
réalisation

作り方

… **作り始める前に**

* 大人はレディース、メンズともにS・M・Lサイズ、子供は90・100・110・120・130㎝の5サイズ展開(一部90・100・110の3サイズ展開)、ベビーは新生児サイズです。サイズ表は、実物大型紙の表紙に載せていますので、それを参考にして近いサイズを選んでください。

* 裁ち合わせ図は、すべて大人がMサイズ、子供が110(一部100)サイズの配置になっています。サイズが違うと、少し配置がズレるので注意してください。

* 直線だけの小物やひも類は、作り方のページに製図が載っているので、それを見て型紙を作るか、または布に直接線を引いて裁つ、直裁ちをおすすめします。

* ニット地を縫う時は、ミシン針と糸はニット用のものをおすすめします。特に横地同士を縫い合わせる時は、トレーシングペーパーなどの薄い紙を布の下に敷いてミシンをかけると、上手に縫えます。

* イラスト中の数字の単位は㎝です。

29 ヘアバンドとシュシュ
58 PAGE

ヘアバンドのゴムテープの縫い止めは、二度縫いでしっかり縫いつけます。

出来上がり寸法
ヘアバンド……頭囲約52cm
シュシュ………幅5cm

使用するパターン(ヘアバンド)
前表・前裏(101ページ)

材料
表布　リバティプリント パトリシア…50cm×40cm
裏布　紫の麻布……………………………40cm×12cm
1.5cm幅のゴムテープ……………………20cm
1.5mm幅の丸ゴム…………………………20cm

[裁ち合わせ図]

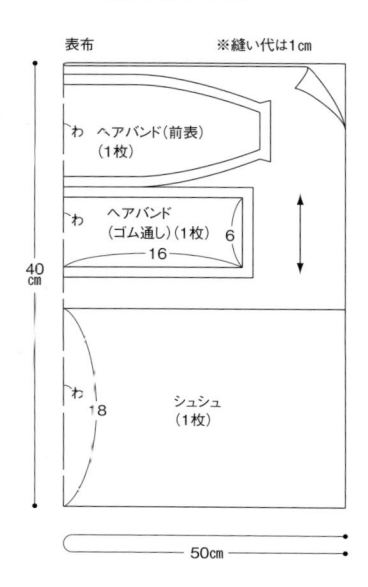

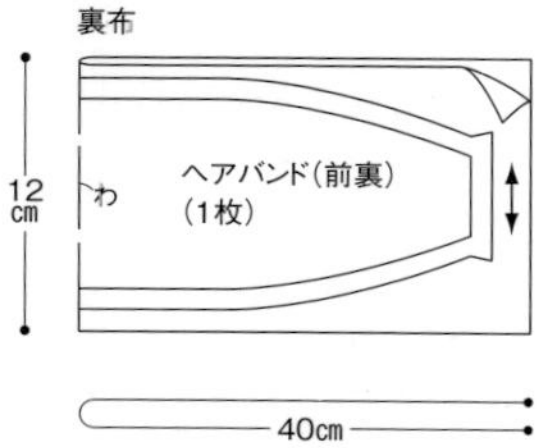

表布　※縫い代は1cm
- ヘアバンド(前表)(1枚)
- ヘアバンド(ゴム通し)(1枚) 6, 16
- シュシュ(1枚) 18
- 40cm × 50cm

裏布
- ヘアバンド(前裏)(1枚)
- 12cm × 40cm

シュシュの作り方

1 中表に合わせて縫い、輪にする。縫い代を割り、折り山を①②の順にたたむ。 5, 5

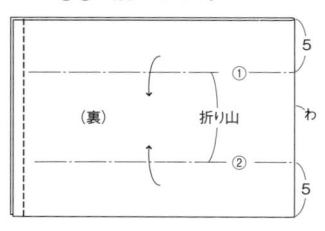

2 ③の位置で上側を折る。 5, 3, 5

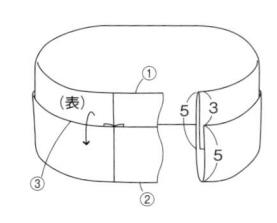

3 ぐるりと2周ステッチをかけるが、下側はゴム通し口3cmを縫い残す。ゴムを通して結ぶ。 1.5, 0.5, 5, ゴム通し口3, 3

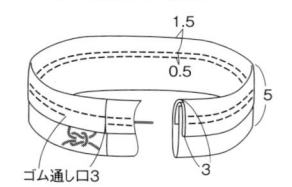

4 ゴム通し口を縫いふさぐ(イラストはわかりやすくするために全体が平らですが、実際はギャザーが寄っています)。

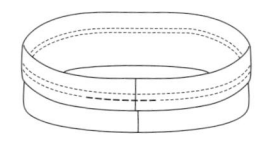

ヘアバンドの作り方

1 ①〜④の順にゴム通しを縫う。
- ①中表に縫う (裏)
- ②縫い代を割って表に返す　③ステッチで押さえる　0.5 / 0.5 (表)
- ④ゴムテープを縫い止める　ゴムテープ　0.5　布を寄せる　0.5

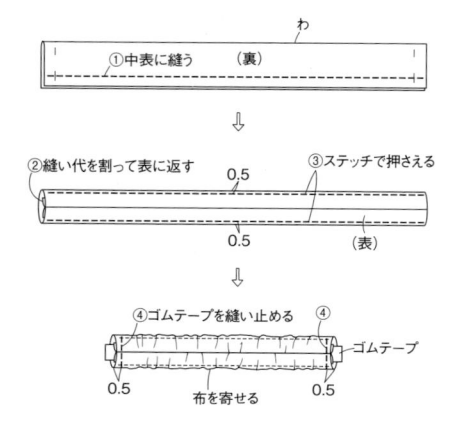

2 ①前の表・裏を中表に合わせ、両側端の縫い代を折る。②両端を残して縫う。 折る (裏) 折る

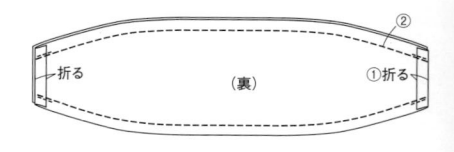

3 2を表に返して、アイロンで形を整える。ゴム通しを差し込んで二度縫いする。 1cm 前裏 前表 1cm差し込む

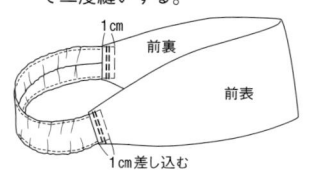

30 小さなソーイングセット

59 PAGE

出来上がり寸法
開いた状態22.5cm×10cm

使用するパターン
中央フタ・右フタ(102ページ)

針さしは、上側に刺すバック・ステッチで裏布に縫いつけます。パーツがたくさんあるので、一つ一つていねいに仕上げましょう。

材料
[表布] リバティプリント パトリシア…42cm×21cm
[裏布] 生成りの木綿……………………24.5cm×12cm
ドミット芯………………………………24.5cm×12cm
厚さ2mmのフェルト 濃い紫……………5.5cm×7.5cm
25番刺しゅう糸 濃い紫…………………適宜
0.6cm幅のローズピンクのリボン………30cm×2本
φ1cmの貝ボタン…………………………1個

[裁ち合わせ図]

※指定以外の縫い代は1cm

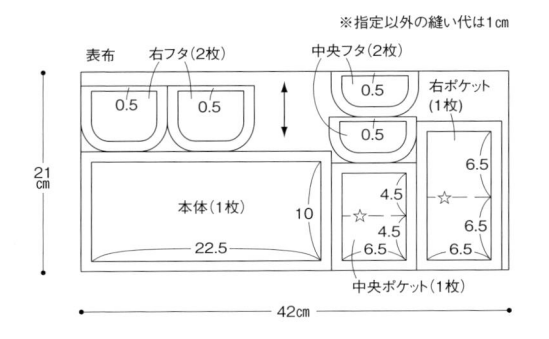

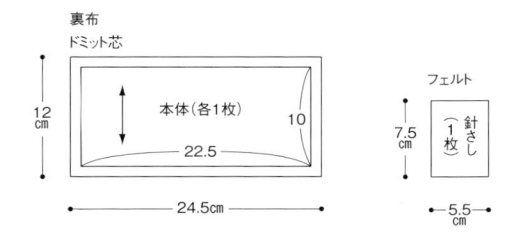

表布 / 右フタ(2枚) / 中央フタ(2枚) / 右ポケット(1枚) / 本体(1枚) 22.5×10 / 中央ポケット(1枚) 6.5/4.5 / 21cm / 42cm

裏布 ドミット芯 / 本体(各1枚) 22.5×10 / 12cm / 24.5cm

フェルト / 針さし(1枚) 5.5cm×7.5cm

1 フタ2枚を中表に合わせて縫う。表に返してステッチで押さえる。右フタにはボタンホールをあける。

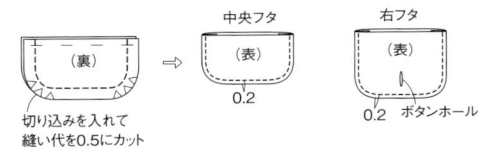

中央フタ(裏) → 中央フタ(表) 0.2 / 右フタ(表) 0.2 ボタンホール
切り込みを入れて縫い代を0.5にカット

2 ポケット2枚を中表に折り、返し口を残して縫う。表に返してポケットの入れ口にステッチをかける。右ポケットにはボタンをつける。

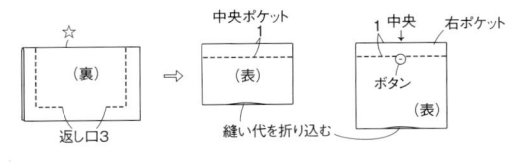

(裏) 返し口3 → 中央ポケット(表)1 / 中央・右ポケット(表) ボタン
縫い代を折り込む

3 ドミット芯を合わせ、裏布に各パーツを縫いつける。

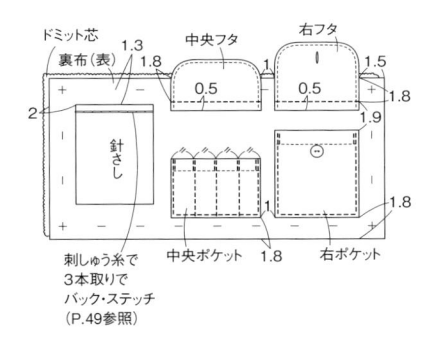

ドミット芯 裏布(表) / 中央フタ 0.5 1.3/1.8 / 右フタ 0.5 1/1.5 1.8 1.9 / 針さし 2 / 中央ポケット 1.8 / 右ポケット 1.8
刺しゅう糸で3本取りでバック・ステッチ(P.49参照)

4 フタを下ろしてステッチをかける。

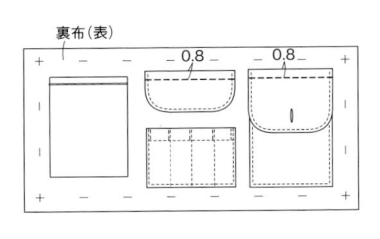

裏布(表) 0.8 0.8

5 表布と裏布を中表に合わせ、左右にリボンをはさみ、返し口を残して縫う。

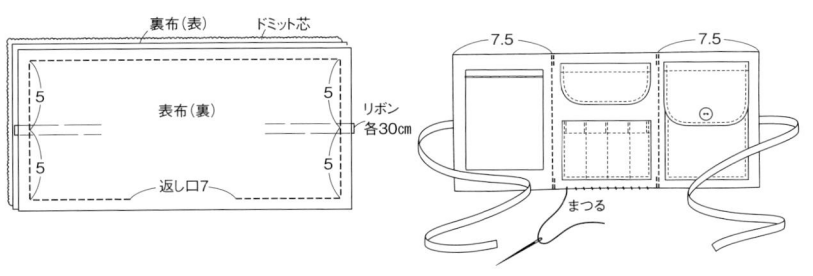

裏布(表) ドミット芯 / 表布(裏) / 5 / 返し口7 / リボン 各30cm

6 表に返して返し口をまつる。分割のステッチをかける。

7.5 / 7.5 / まつる

1　後ろリボンのブラウス・大人
2　後ろリボンのブラウス・子供

8 PAGE

大人用の出来上がり寸法
S ……バスト110cm・着丈58cm
M ……バスト114cm・着丈60cm
L ……バスト120cm・着丈62cm
＊着丈は後ろ身頃の寸法を表示

子供用の出来上がり寸法
 90 ……バスト76cm・着丈31.5cm
100 ……バスト80cm・着丈34cm
110 ……バスト84cm・着丈37cm
120 ……バスト88cm・着丈40cm
130 ……バスト92cm・着丈43cm
＊着丈は後ろ身頃の寸法を表示

使用するパターン
大人用 …… 前後身頃・袖
子供用 …… 前後身頃・袖

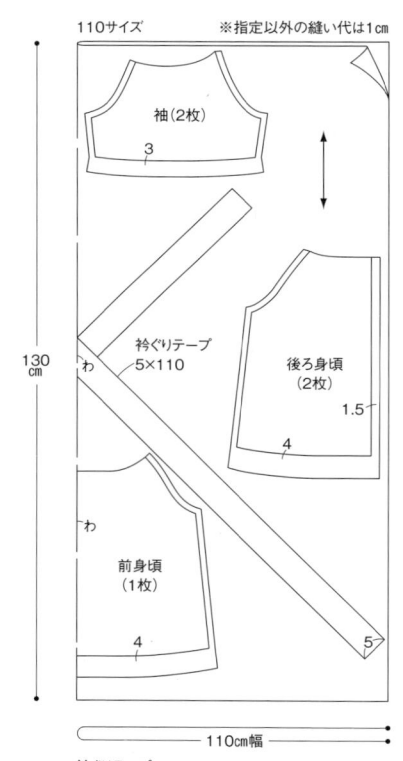

大人用の材料
リバティプリント ソープ……110cm幅で
S＝175cm　M＝180cm　L＝190cm

子供用の材料
リバティプリント ソープ……110cm幅で
90＝115cm　100＝125cm　110＝130cm
120＝140cm　130＝150cm

大人用、子供用とも同じ作り方です。衿ぐりテープはバイアスに裁っているので、伸ばさないように注意します。衿ぐりのギャザーが均一になるように衿ぐりの出来上がり線をはさんで、ギャザーミシンを2本かけます。

[裁ち合わせ図]

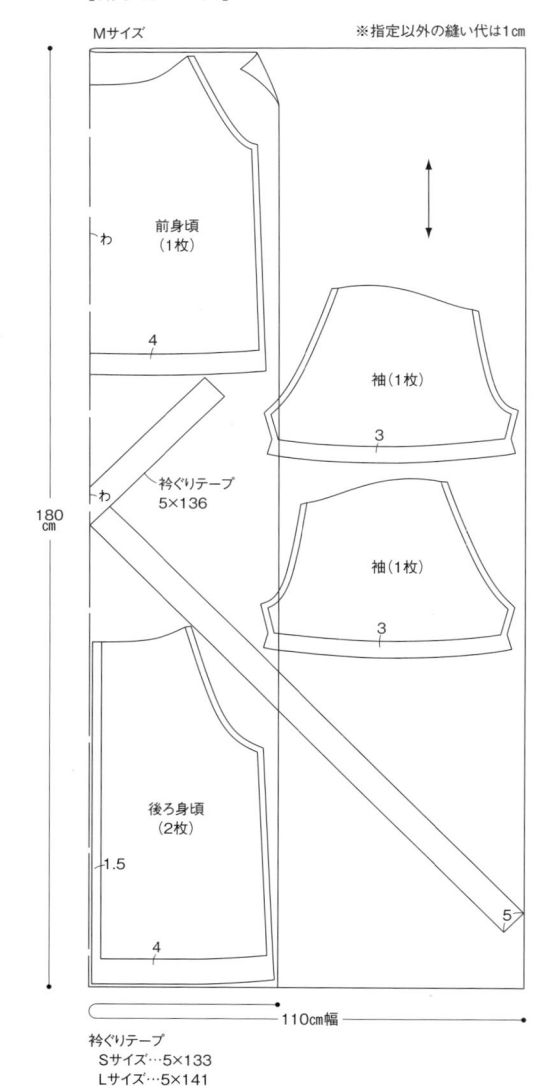

● 作り方

1. 後ろ中央をジグザグミシンで始末する。
   後ろ2枚を中表に合わせ、あき止まりまで縫う。
   あき口を三つ折りにして縫う。

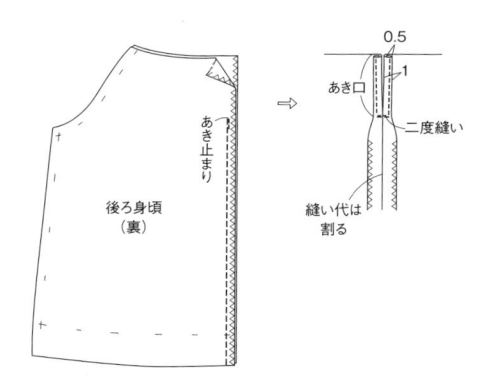

2. 前身頃と袖、後ろ身頃と袖をそれぞれ中表に合わせて縫う。縫い代は2枚一緒にジグザグミシンで始末し、身頃側に倒す。

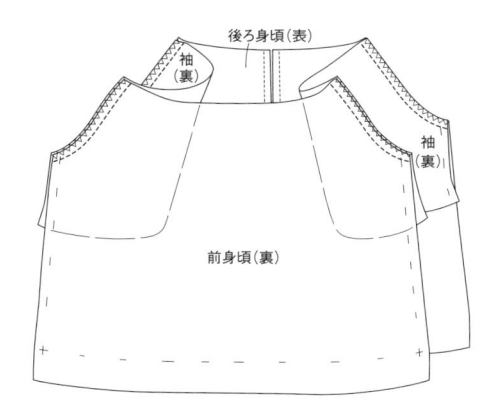

3. 前後身頃を中表に合わせ、袖口から裾までを縫う。縫い代は2枚一緒にジグザグミシンで始末し、後ろ側に倒す。衿ぐりのテープの付け線をはさんで、粗い針目でギャザーミシンを2本かける。

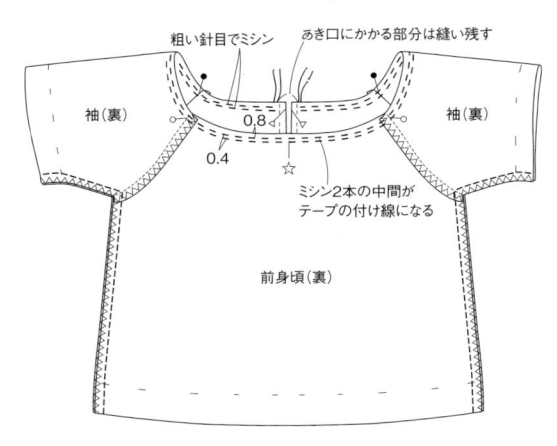

4. 衿ぐりテープを①〜③の順に折り、アイロンで押さえる。下図の位置に合印をつける。

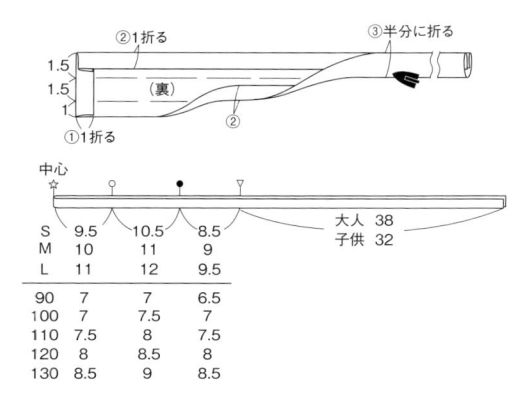

			大人 38
S	9.5	10.5	8.5
M	10	11	9
L	11	12	9.5
90	7	7	6.5
100	7	7.5	7
110	7.5	8	7.5
120	8	8.5	8
130	8.5	9	8.5

子供 32

5. 衿ぐりのギャザーを寄せ、片側の縫い代を開いた衿ぐりテープと中表に合わせて縫う。＊合印を合わせた時に、アイロンでギャザーを固定すると縫いやすい。

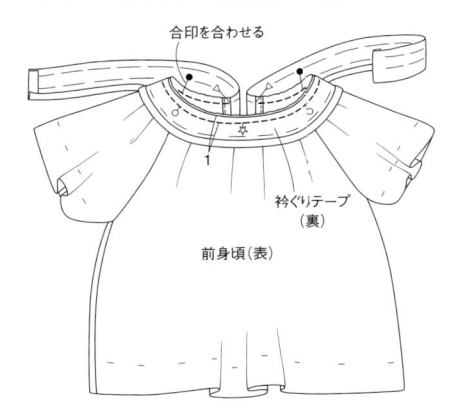

6. 衿ぐりテープをたたみ直し、縫い代をはさんでステッチで押さえる。裾と袖口を三つ折りにして縫う。最後にギャザーミシンの糸（出来上がり線の外側）を抜く。

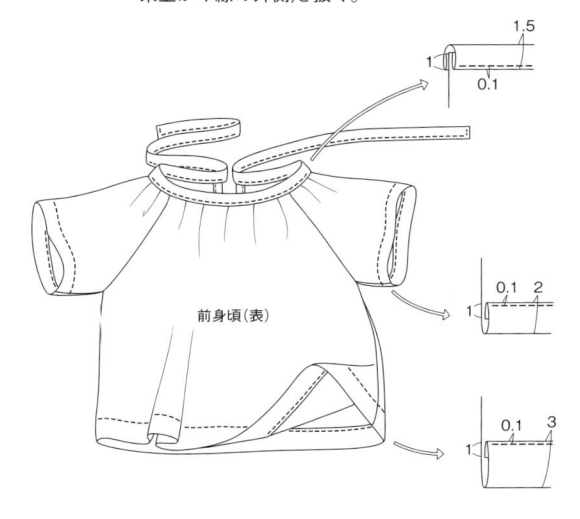

3　ブラウジングワンピース

10 PAGE

出来上がり寸法
- S……バスト99cm・着丈101.5cm
- M……バスト103cm・着丈103.5cm
- L……バスト107cm・着丈106.5cm

[裁ち合わせ図]

Mサイズ　※指定以外の縫い代は1cm

袋ぐりテープ（1枚）2.4×88
袖口テープ（2枚）2.4×40
2.4

後ろ身頃（1枚）
0.6
3.8

前身頃（1枚）
0.6
3.8

後ろスカート（1枚）
4.5

前スカート（1枚）
4.5

袖（1枚）
0.6

袖（1枚）
※袖のパターンは左右対称に置く
0.6

270cm
110cm幅

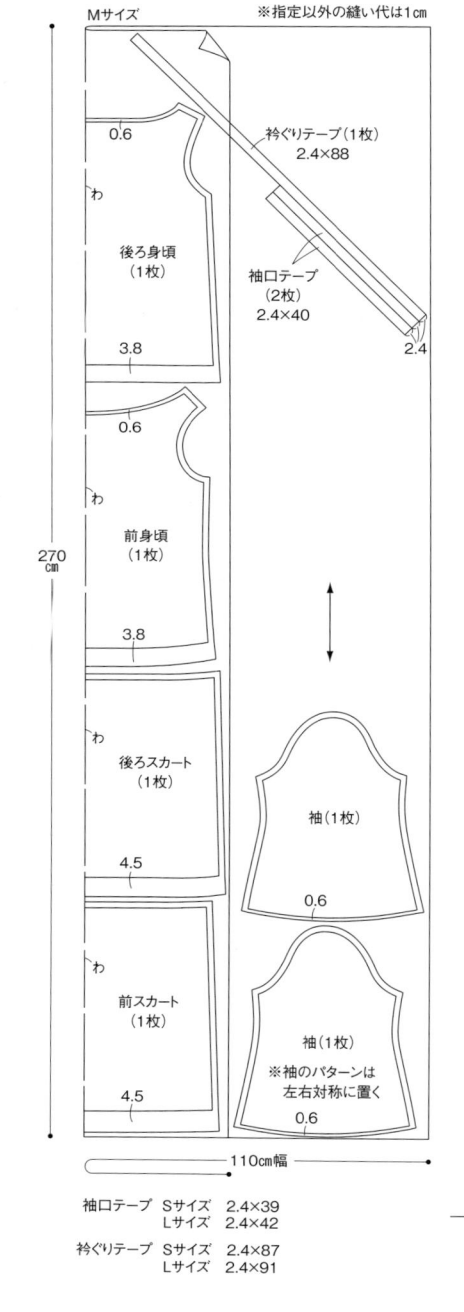

袖口テープ　Sサイズ　2.4×39
　　　　　　Lサイズ　2.4×42
衿ぐりテープ　Sサイズ　2.4×87
　　　　　　　Lサイズ　2.4×91

使用するパターン
前後身頃・袖・前後スカート

材料
リバティプリント エミリー……110cm幅で
S=265cm　M=270cm　L=280cm
ゴムテープ………………………2cm幅を
S=74cm　M=77cm　L=81cm
0.8cm幅をS=103cm　M=107.5cm　L=112cm

袖山のグシ縫いは、身頃に縫いつける時にギャザーが寄らないように注意します。

◯ 作り方

1 前後身頃の肩、脇の縫い代、前後スカートの脇、袖下の縫い代をジグザグミシンで始末する。

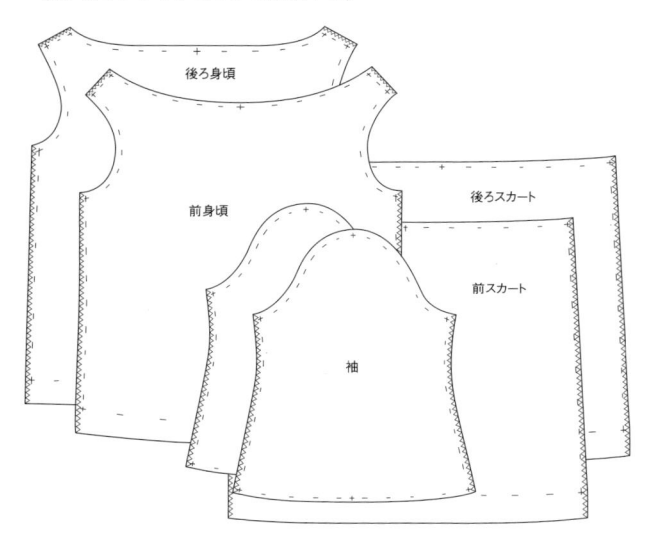

2 前後身頃を中表に合わせ、肩と脇を縫う。縫い代は割る。ゴム通し口をステッチで押さえる。

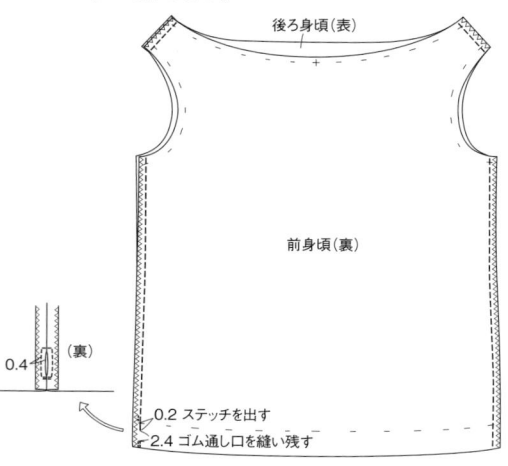

0.4　（裏）
0.2 ステッチを出す
2.4 ゴム通し口を縫い残す

3 袖を中表に合わせ、袖下を縫う。縫い代は割る。

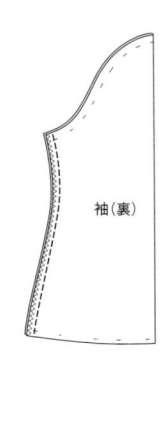

4 袖山のカーブに細かい針目でグシ縫いを2本縫う。

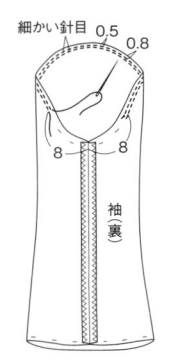

5 衿ぐりテープと袖口テープの端を折って縫う。図のように折り、アイロンで押さえる。

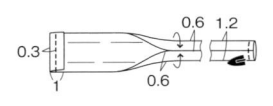

6 袖口を袖口テープで始末する。

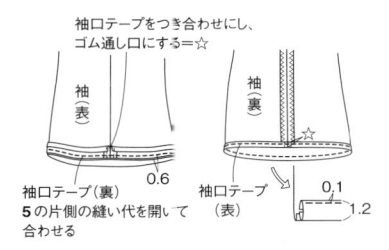

袖口テープをつき合わせにし、ゴム通し口にする＝☆
5の片側の縫い代を開いて合わせる

7 衿ぐりを衿ぐりテープで始末する。袖口と同様。

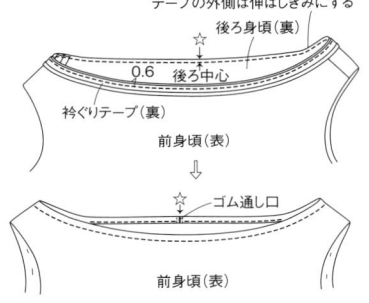

カーブはテープをいせ込みながら縫い、テープの外側は伸ばしぎみにする

ゴム通し口

8 身頃と袖を中表に合わせて縫う。縫い代は2枚一緒にジグザグミシンで始末する。グシ縫いの糸を抜く。

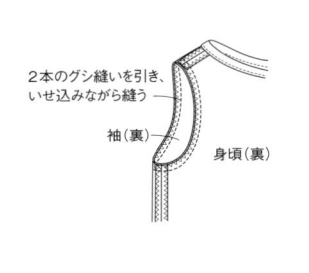

2本のグシ縫いを引き、いせ込みながら縫う

9 前後スカートを中表に合わせ、脇を縫う。縫い代は割る。

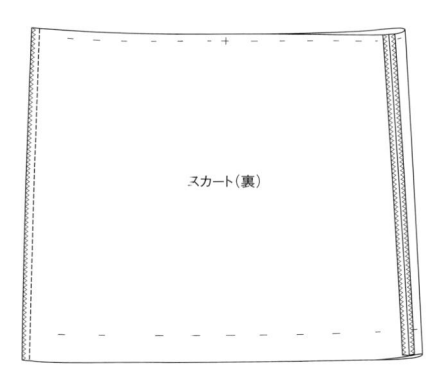

10 スカートと身頃のウエストを中表に合わせて縫う。身頃の縫い代1cmをスカート側に折ってアイロンで押さえる。

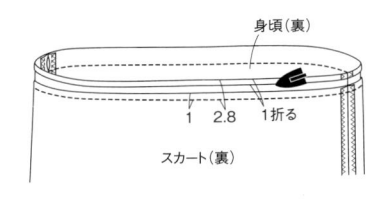

11 身頃を上げ、縫い代を下げてステッチで押さえる。ウエストにゴムテープを通す。

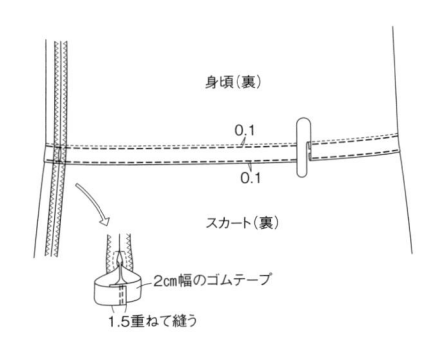

2cm幅のゴムテープ
1.5重ねて縫う

12 裾を三つ折りにして縫う。衿ぐり、袖口にゴムテープを通す。

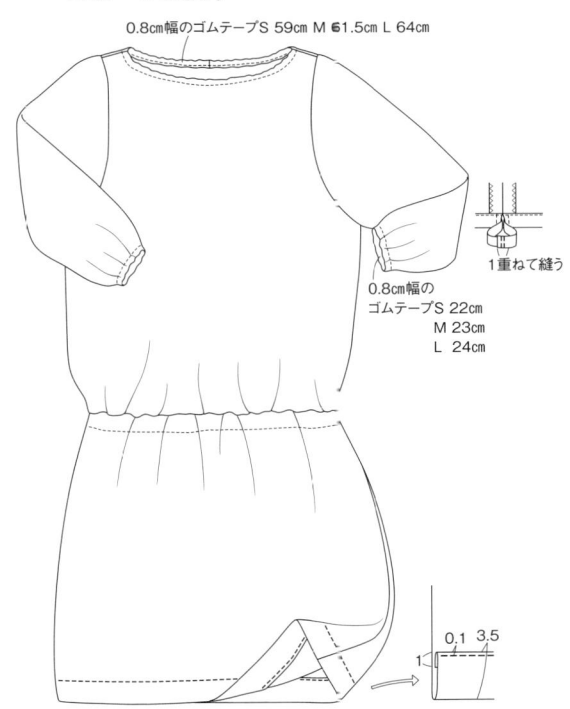

0.8cm幅のゴムテープ S 59cm M 61.5cm L 64cm

0.8cm幅のゴムテープ S 22cm M 23cm L 24cm

1重ねて縫う

10 子供の水遊び着
18 PAGE

出来上がり寸法
- 90 ……バスト フリー・腰回り 約55cm
- 100 ……バスト フリー・腰回り 約57cm
- 110 ……バスト フリー・腰回り 約60cm

使用するパターン
パンツ・胸当て

材料
リバティプリント ウィルトシャー……110cm幅で
90=95cm　100=95cm　110=100cm
0.5cm幅のゴムテープ……………………105cm

パンツを中表に縫い合わせる時、両足を一度に縫うと表に返せなくなります。図のように1ステップごと中表に合わせ、表に返しを繰り返しながら縫い進めます。

[裁ち合わせ図]

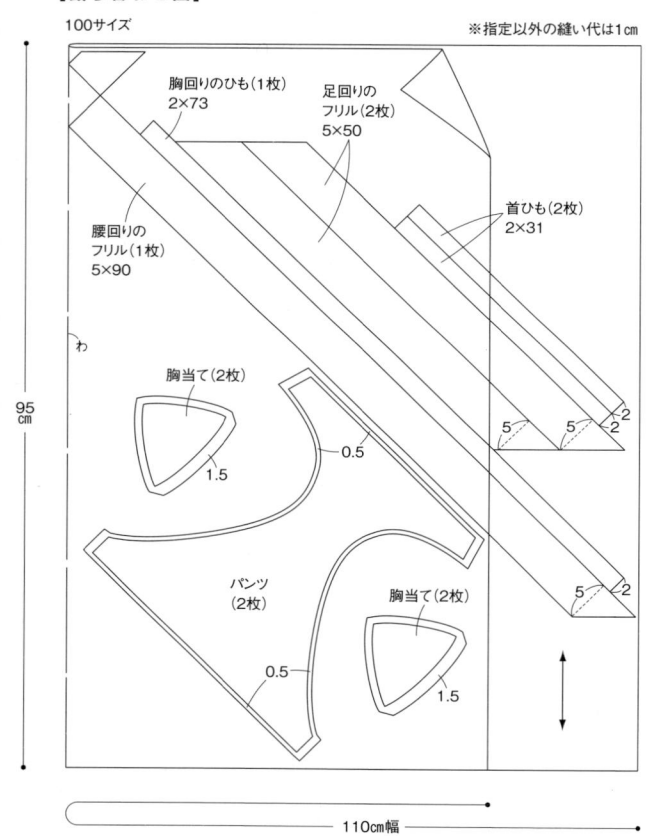

100サイズ
※指定以外の縫い代は1cm

- 胸回りのひも(1枚) 2×73
- 足回りのフリル(2枚) 5×50
- 首ひも(2枚) 2×31
- 腰回りのフリル(1枚) 5×90
- 胸当て(2枚) 1.5
- パンツ(2枚)
- 胸当て(2枚) 1.5

95cm / 110cm幅

	腰回りのフリル	胸回りのひも	足回りのフリル	首ひも
90サイズ	5×86	2×70	5×48	2×31
110サイズ	5×94	2×77	5×52	2×31

❂ トップの作り方

1 首ひも、胸回りのひもを二つ折りにして縫う。ループ返しなどで表に返し、図のように始末する。

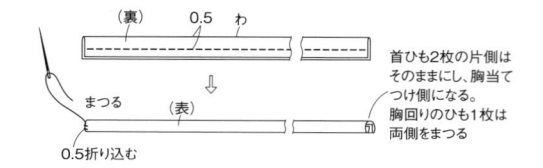

首ひも2枚の片側はそのままにし、胸当てつけ側になる。
胸回りのひも1枚は両側をまつる。
0.5折り込む　まつる

2 胸当て2枚を中表に合わせ、首ひもをはさんで縫う。表に返して下側を2枚一緒に三つ折りにして縫う(胸回りのひも通しになる)。

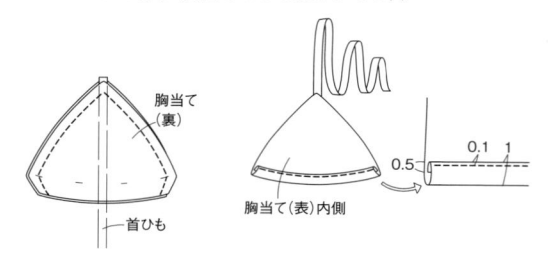

胸当て(裏)　首ひも
胸当て(表)内側

3 胸回りにひもを通す。

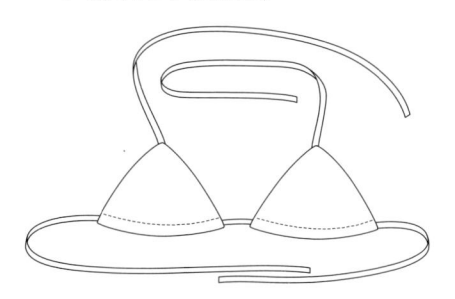

◆ パンツの作り方

1 足回り、腰回りのフリルをそれぞれ輪に縫う。二つ折りにし、粗い針目でギャザーミシンを2本かける。

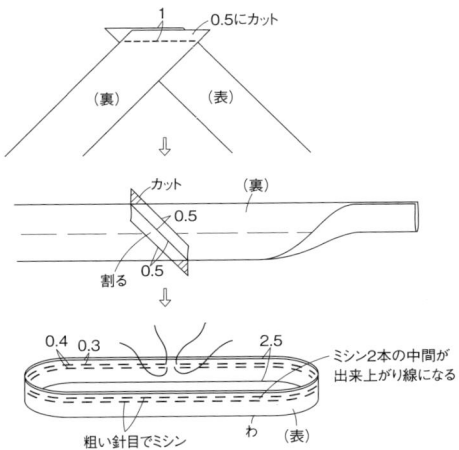

2 1枚のパンツを中表に折り、脇を縫う。縫い代は割る（表パンツになる）。

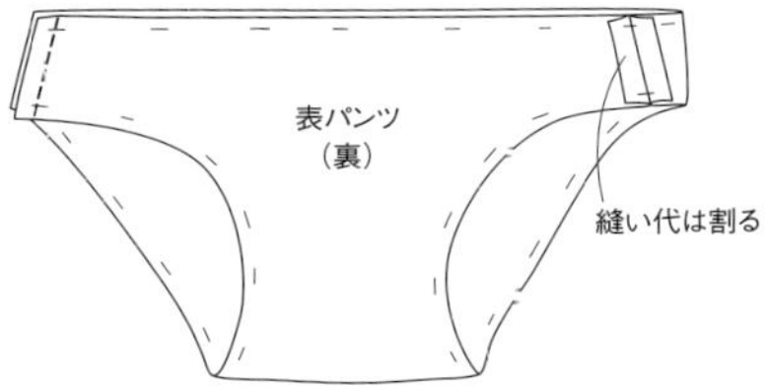

3 フリルのギャザーを寄せ、腰回りと足回りのフリルを表パンツに置いて縫う（出来上がり線上）。

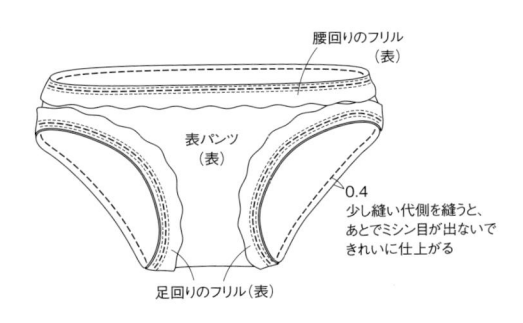

4 もう1枚のパンツ（裏パンツ）を表パンツと中表に合わせて置き、片側の足回りを縫う。

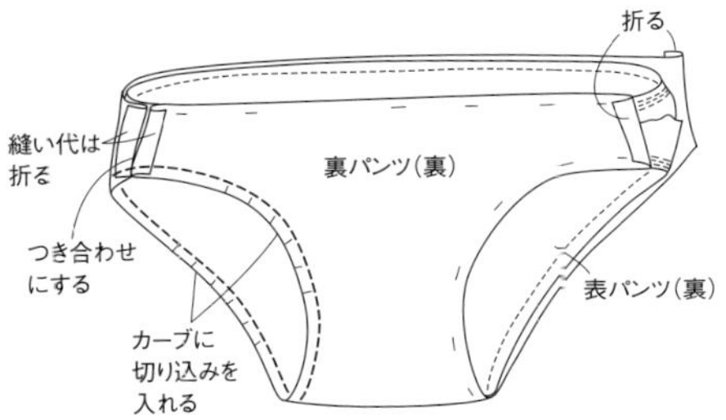

5 一度表に返してから逆側の足回り前①、足回り後ろ②、前腰回り③、後ろ1/3腰回りに④⑤を1ステップずつ「中表に合わせ、表に返す」を繰り返して縫う。

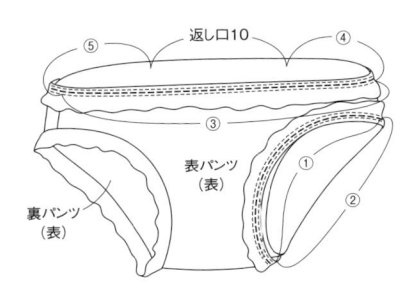

6 返し口をまつる。
腰回り、足回りにステッチをかけ（ゴム通しになる）、ゴムテープを通す。最後にギャザーミシンの糸（出来上がり線の外側）を抜く。

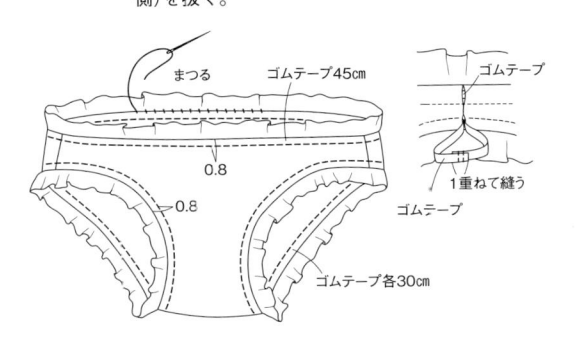

11 バニティケース

19 PAGE

ファスナーつけは、ファスナーぎりぎりを縫うので、ファスナー用押さえ金を使用します。側面とマチを縫い合わせる時は、ファスナーを開けておきます。

出来上がり寸法
21cm×13cm×7cm(持ち手を除く)

使用するパターン
側面・Aポケット上下・Bポケット

材料
リバティプリント リベンデル(キルティング)
……………………100cm幅25cm
リバティプリント リベンデル(タナローン)
……………………110cm幅20cm
リバティプリント リベンデル(タナローン)
バイアステープ……………2cm幅(両折タイプ)150cm
リネンテープ ベージュ……1.5cm幅40cm
ファスナー………………30cm、20cm各1本
ゴムテープ…………………4mm幅20cm

[裁ち合わせ図]

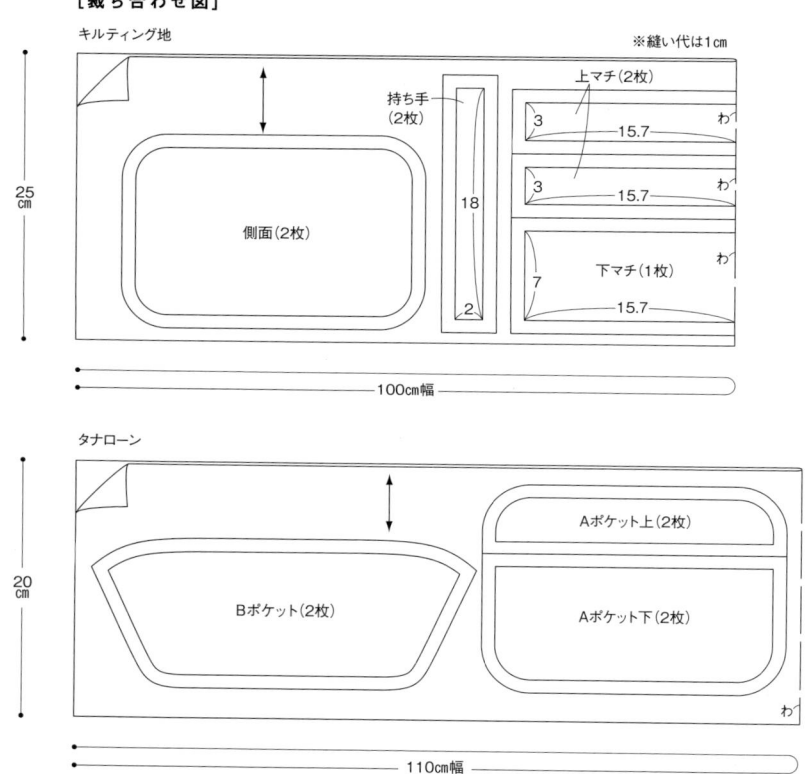

キルティング地　　　　　　　　　　　　　　　※縫い代は1cm

上マチ(2枚) 3 15.7 わ
持ち手(2枚) 18 / 2
側面(2枚) 25cm
下マチ(1枚) 7 15.7 わ
100cm幅

タナローン
Bポケット(2枚)　Aポケット上(2枚)　Aポケット下(2枚)
20cm
わ
110cm幅

作り方

1 持ち手の縫い代を折り、リネンテープを重ねて縫う。

2 / 0.1 / 0.1 / 持ち手(表) / リネンテープ

2 上マチにファスナーを縫いつける。

①上マチとファスナーを中表に合わせて縫う。

ファスナー(裏) / 1.7 / 上マチ(表) / 1.7

②表に返してステッチで押さえる。
③縫った上マチの縫い代を0.3～0.4cm切り落とし、ファスナーを上マチにまつる。

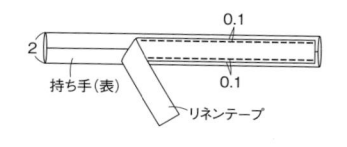

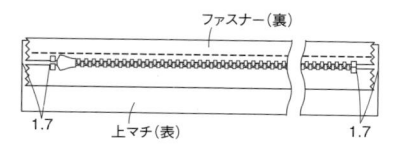

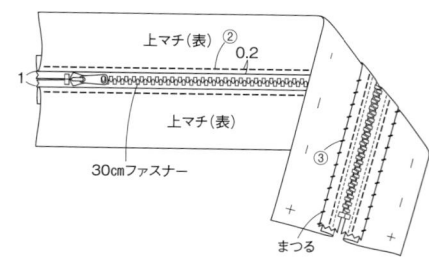

上マチ(表)② 0.2 / 1 / 上マチ(表) / 30cmファスナー / ③ / まつる

3 上下マチをつなげて輪にする。

①上下マチを中表に合わせ、バイアステープを重ねて縫う。

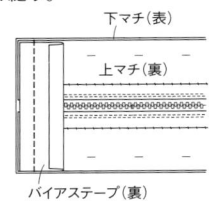

②バイアステープで縫い代をくるみ、下マチ側に倒してステッチで押さえる。

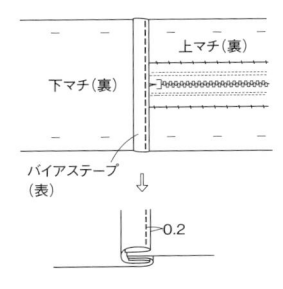

4 Aポケットを作る。

①ポケット上と下をそれぞれ中表に合わせて縫う。

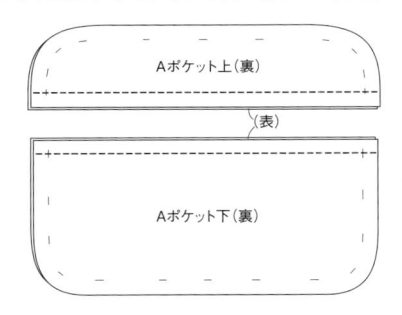

②表に返してファスナーを縫いつける。
③側面の裏に仮止めする。

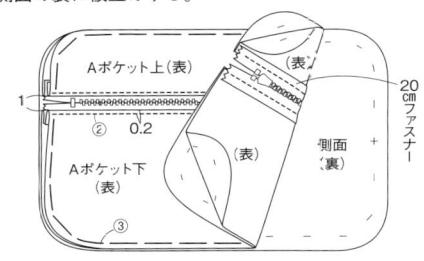

5 Bポケットを作る。

①Bポケットを中表に合わせて縫う。

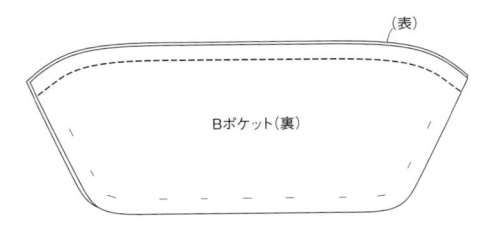

②表に返してステッチをかける。
③ゴムテープを通し、両端を縫い止める。
④側面の裏に仮止めする。

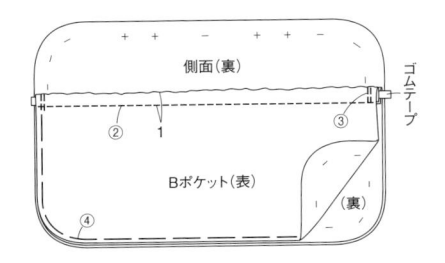

6 側面とマチを縫い合わせる。

①側面とマチを中表に合わせ、持ち手のつけ位置にはさんで縫う。
②バイアステープの片側を開いて縫い代に重ねて縫う。
③縫い代をバイアステープでくるみ、まつる。

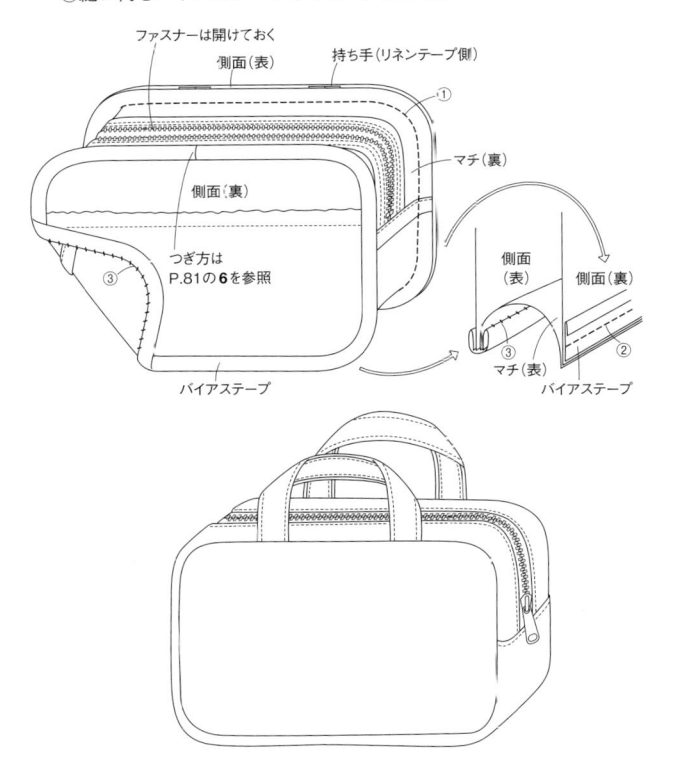

つぎ方はP.81の**6**を参照

75

4　ノーカラーのコート・子供
5　ノーカラーのコート・大人

12,13 PAGE

まつり縫いを各ポイントで使用しています。表に糸がひびかないように注意しましょう。

大人用の出来上がり寸法

S ……バスト92cm・着丈82.5cm
M ……バスト96cm・着丈83cm
L ……バスト102cm・着丈83.5cm
＊着丈は後ろ身頃の寸法を表示

子供用の出来上がり寸法

 90 ……バスト68cm・着丈45.5cm
100 ……バスト72cm・着丈50cm
110 ……バスト74cm・着丈55cm
120 ……バスト76cm・着丈60cm
130 ……バスト80cm・着丈65cm
＊着丈は後ろ身頃の寸法を表示

使用するパターン

大人用……前後身頃・前後袖・前後見返し・ポケット
子供用……前後身頃・前後袖・前後見返し・ポケット

大人用の材料

リネンツイル　ベージュ
……………150cm幅でS＝170cm
　　　　　　　M＝170cm　L＝180cm
リバティプリント　カーライン
……………50cm幅でS＝105cm　M＝105cm
　　　　　　　L＝110cm
接着芯………50cm幅でS＝105cm　M＝105cm
　　　　　　　L＝110cm
スナップボタン……φ3cm 4個

子供用の材料

リバティプリント　クレメンタイン
……………110cm幅で90＝110cm　100＝120cm
　　　　　　　110＝130cm　120＝140cm
　　　　　　　130＝150cm
やさしいリネン　ホワイト×ベージュ
……………40cm幅で90＝70cm　100＝75cm
　　　　　　　110＝80cm　120＝85cm　130＝90cm
接着芯………40cm幅で90＝70cm　100＝75cm
　　　　　　　110＝80cm　120＝85cm　130＝90cm
スナップボタン……φ1.4cm 4個

[裁ち合わせ図]

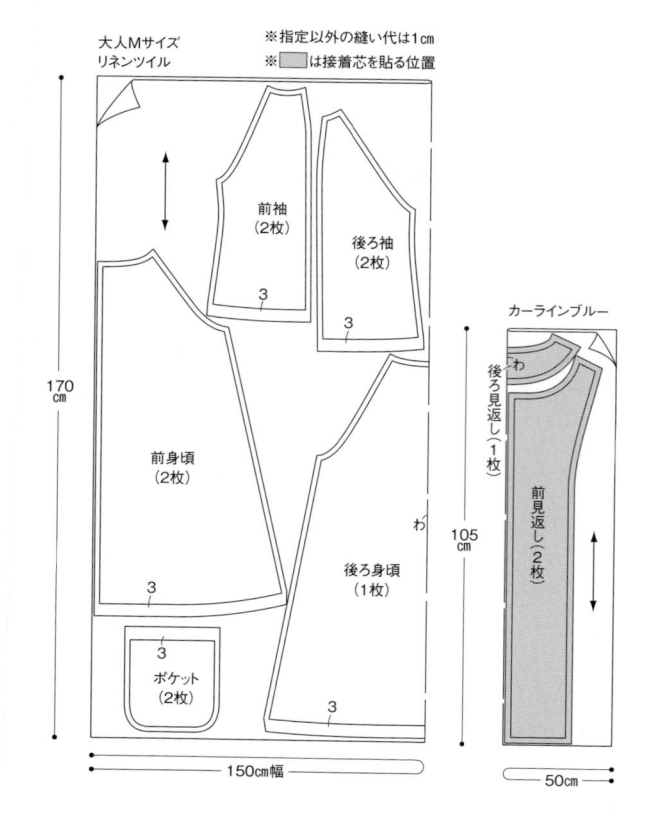

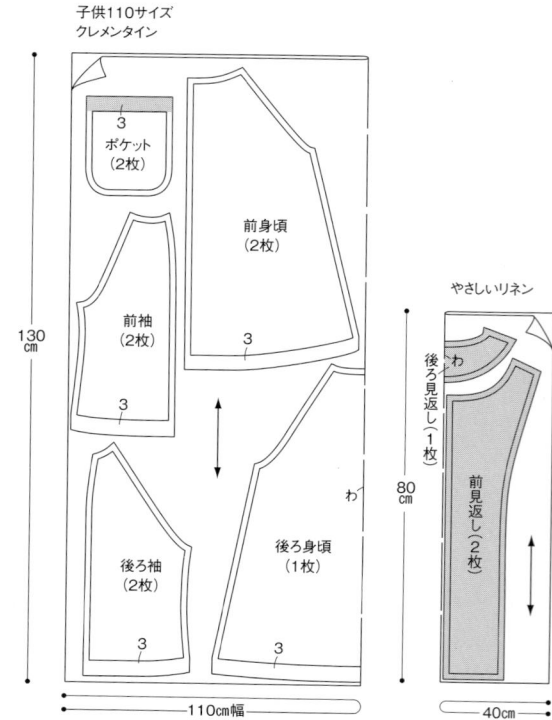

※指定以外の縫い代は1cm
※■ は接着芯を貼る位置

大人Mサイズ
リネンツイル
170cm × 150cm幅

カーラインブルー
105cm × 50cm

子供110サイズ
クレメンタイン
130cm × 110cm幅
130サイズは前身頃の上下の向きを逆にして裁つ

やさしいリネン
80cm × 40cm

↳ 作り方

1 前後見返しの裏に接着芯を貼る。それぞれのパーツの図の位置をジグザグミシンで始末する。

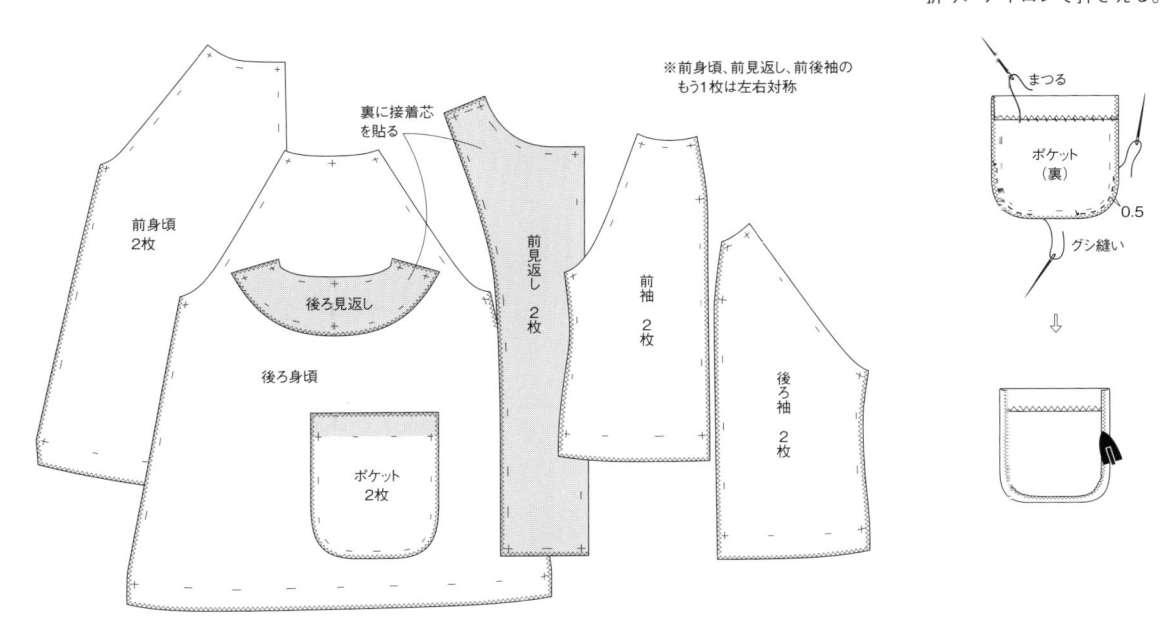

※前身頃、前見返し、前後袖のもう1枚は左右対称

- 前身頃 2枚
- 後ろ見返し（裏に接着芯を貼る）
- 後ろ身頃
- 前見返し 2枚
- 前袖 2枚
- 後ろ袖 2枚
- ポケット 2枚

2 ポケット口を折り、まつる。カーブにグシ縫いをする。グシ縫いの糸を引いて縫い代を折り、アイロンで押さえる。

- まつる
- ポケット（裏）
- 0.5
- グシ縫い

3 前身頃にポケットを縫いつける。

- 前身頃（表）
- ポケット（表）
- 0.1

4 前後袖を中表に合わせて縫う。縫い代は割る。

- 後ろ袖（表）
- 前袖（裏）

5 袖と身頃を中表に合わせて縫う（4本）。縫い代は2枚一緒にジグザグミシンで始末し、袖側に倒す。

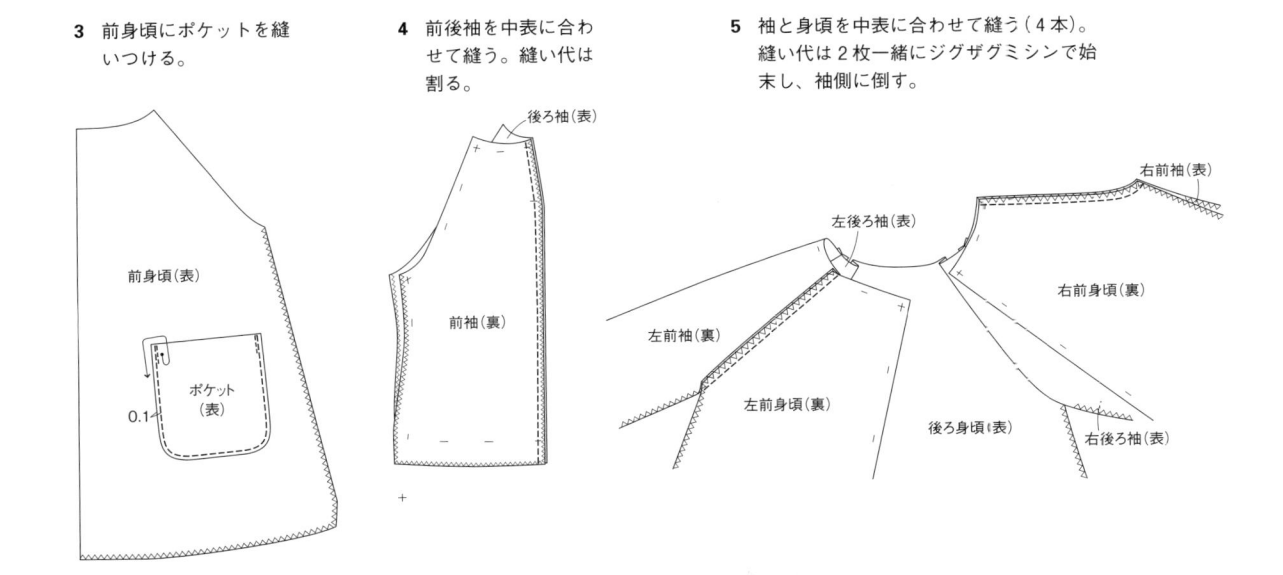

- 左後ろ袖（表）
- 右前袖（表）
- 左前袖（裏）
- 右前身頃（裏）
- 左前身頃（裏）
- 後ろ身頃（表）
- 右後ろ袖（表）

6 前後身頃・前後袖を中表に合わせて袖口から裾まで続けて縫う。縫い代は割る。

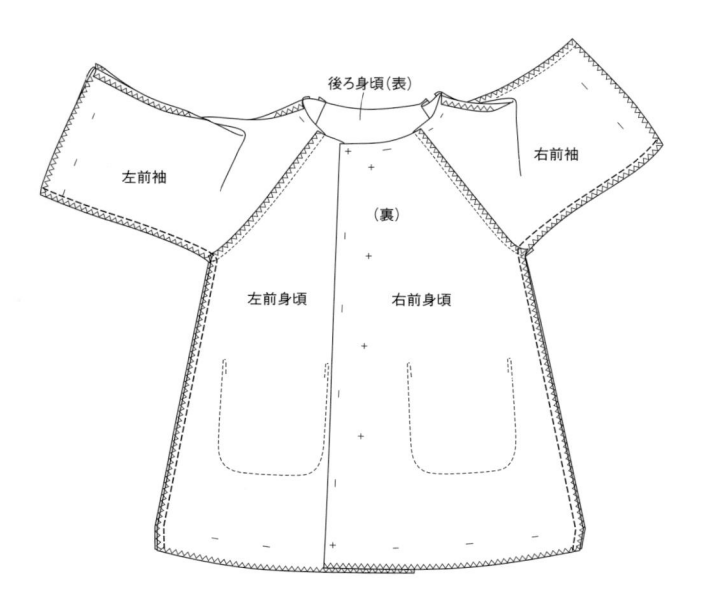

7 前後見返しを中表に合わせて肩を縫う。縫い代は割る。見返し外側（ジグザグミシン）を折ってステッチで押さえる。

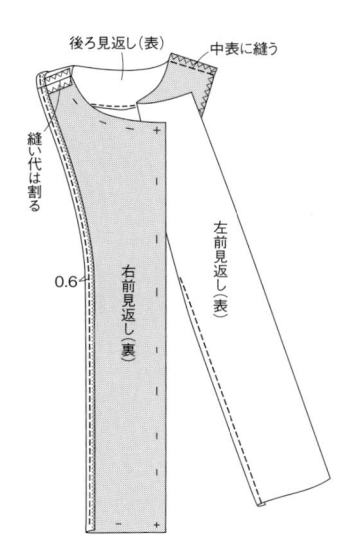

8 身頃と見返しを中表に合わせ、裾から前端、衿ぐりを通り、逆の裾まで続けて縫う。見返しを表に返す。

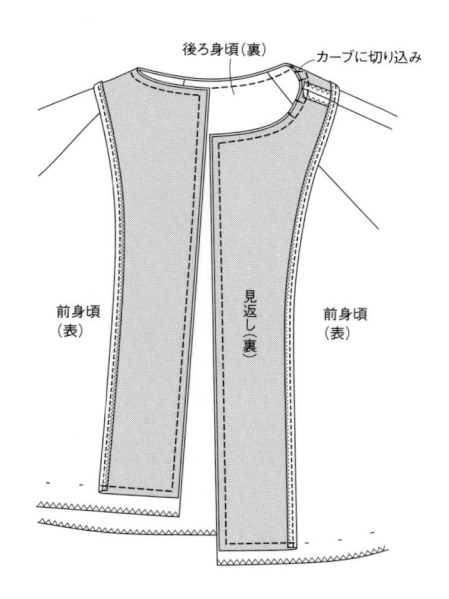

9 ①見返し回りをステッチで押さえる。
② 後ろ見返しを後ろ身頃にまつる。
③ 袖口を折ってまつる。
④ 裾を折ってまつる。
⑤ 見返し裾3cmを裾縫い代にまつる。
⑥ スナップボタンをつける。

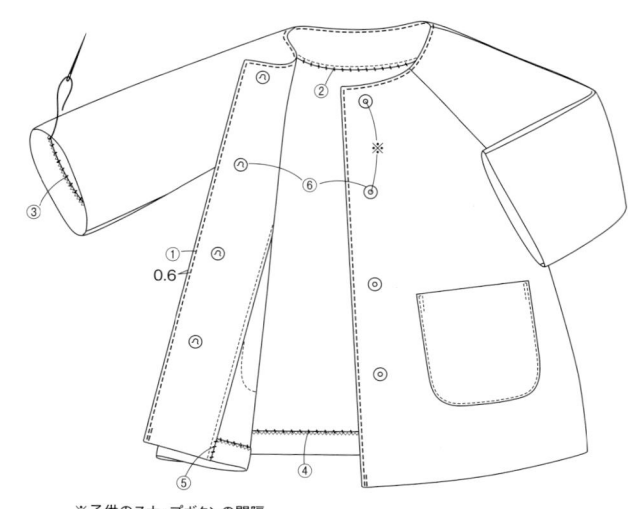

※子供のスナップボタンの間隔
90サイズ＝9.5cm　100サイズ＝10.5cm　110サイズ＝11.5cm
120サイズ＝12.5cm　130サイズ＝13.5cm　（大人は型紙参照）

7　キルティングベスト・子供
19　キルティングベスト・大人

15・36 PAGE

大人用の出来上がり寸法
S ……バスト88cm・着丈58cm
M ……バスト92cm・着丈59cm
L ……バスト98cm・着丈60cm

子供用の出来上がり寸法
90 ……バスト60.5cm・着丈35.5cm
100 ……バスト64.5cm・着丈38cm
110 ……バスト68.5cm・着丈41.5cm
120 ……バスト72.5cm・着丈45cm
130 ……バスト76.5cm・着丈48.5cm

使用するパターン
大人用……前後身頃・衿・ポケット
子供用……前後身頃・衿・ポケット

大人用の材料
C&Sキルティング　ブラウン
……………………………100cm幅でS=135cm
　　　　　　　　　　M=140cm　L=145cm
キルティング用ニットテープ　ブラウン
……………………………3cm幅をS=370cm
　　　　　　　　　　M=380cm　L=395cm
ドットボタン……………φ1.3cm 4個

子供用の材料
リバティプリント イザベル（キルティング）
……………………………100cm幅で90=60cm
　　　　　　　　　　100=60cm　110=65cm
　　　　　　　　　　120=70cm　130=75cm
リネン バイアステープ ベージュ
……………………………3cm幅を90=310cm
　　　　　　　　　　100=320cm　110=340cm
　　　　　　　　　　120=365cm　130=385cm
ドットボタン……………φ1.3cm 4個

バイアステープやキルティング用ニットテープは、上にドットボタンをつけるので、目の詰まった素材を使用しましょう。

[裁ち合わせ図]

大人用 Mサイズ　　　　　　　　　＊指定以外の縫い代は1.5cm

前身頃(2枚)
衿(1枚)
後ろ身頃(1枚)
衿ぐり(1本)
※表布のみを使用
2.4×47
ポケット(2枚)
140cm
100cm幅

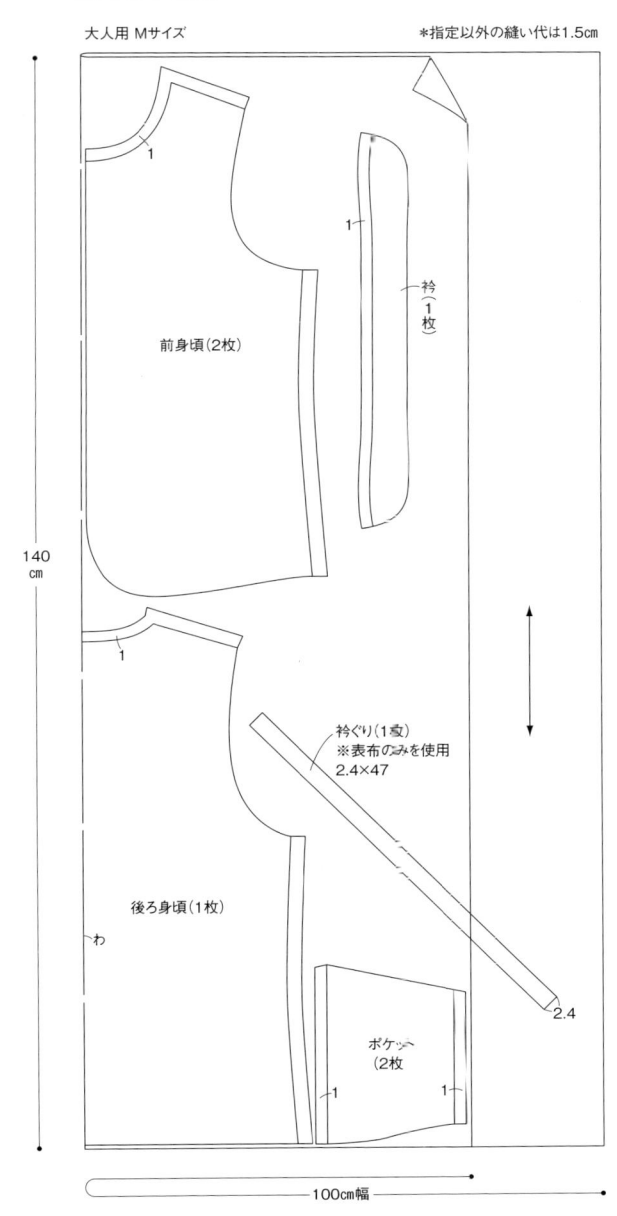

衿ぐり　Sサイズ…2.4×47
　　　　Lサイズ…2.4×48

[裁ち合わせ図]

子供用110サイズ　　　＊指定以外の縫い代は1.5cm

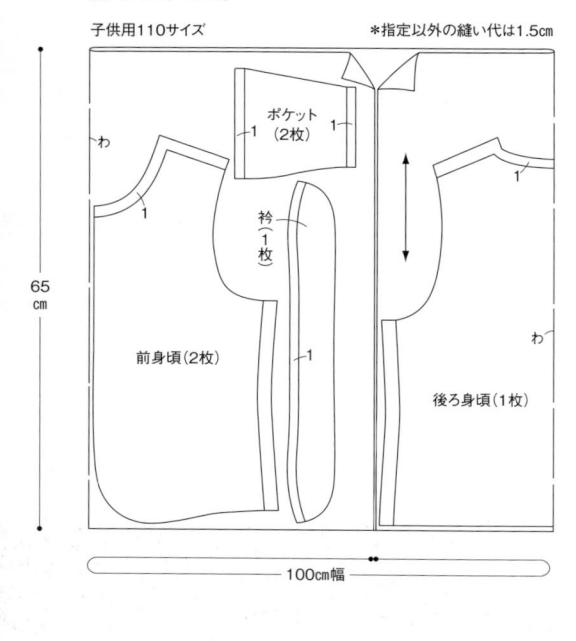

わ
ポケット（2枚）
1
1
衿（1枚）
前身頃（2枚）
1
1
後ろ身頃（1枚）
わ
65cm
100cm幅

作り方

1 前後の肩と脇、ポケットの脇の縫い代をジグザグミシンで始末する。

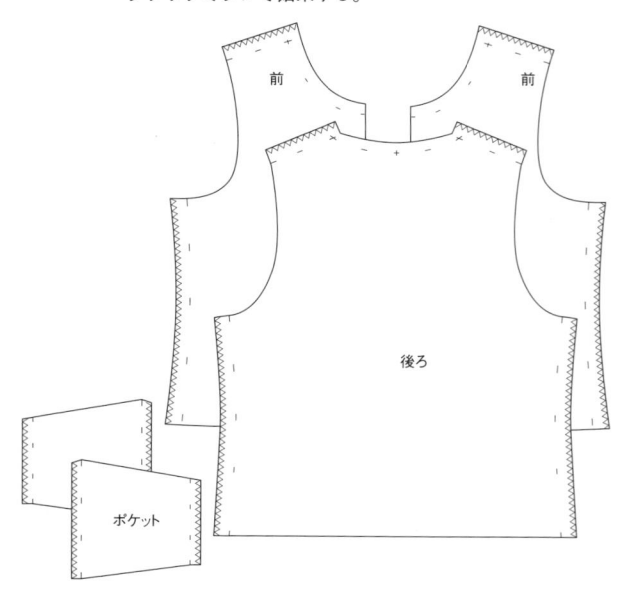

前　前
後ろ
ポケット

2 ポケット口をバイアステープで始末する（大人はキルティング用ニットテープ）。ポケット脇の縫い代を折ってアイロンで押さえる。

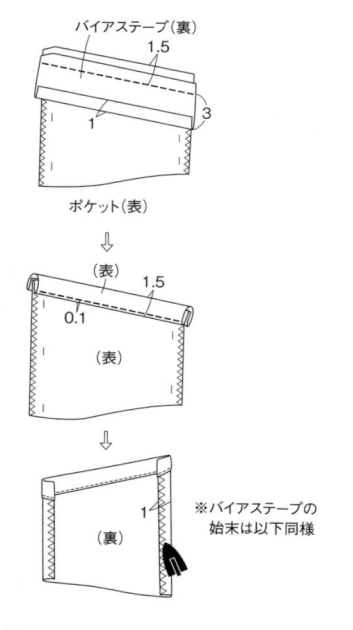

バイアステープ（裏）
1.5
1
3
ポケット（表）

（表）
1.5
0.1
（表）

1
（裏）
※バイアステープの始末は以下同様

3 前身頃にポケットを縫いつける。

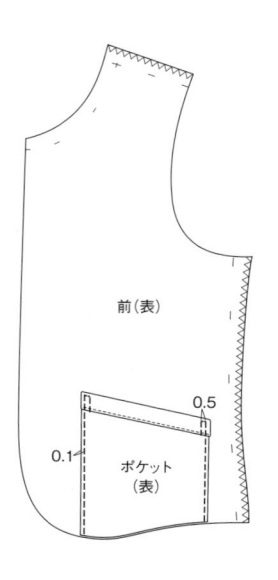

前（表）
0.1
0.5
ポケット（表）

4 前後身頃を中表に合わせ、肩と脇を縫う。縫い代は割る。

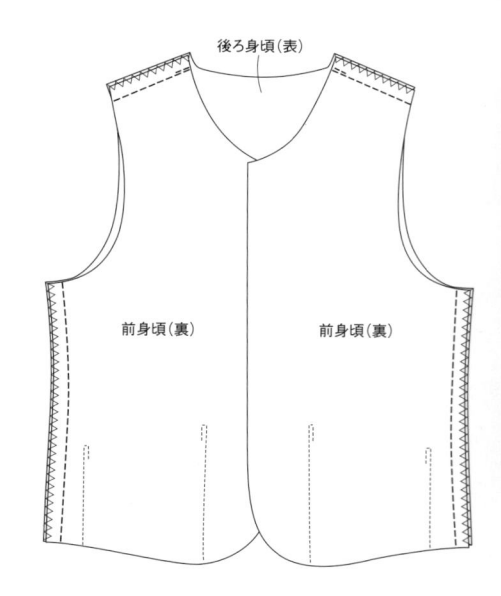

後ろ身頃（表）
前身頃（裏）　前身頃（裏）

5 身頃の衿ぐりと衿を中表に合わせ、その上にバイアステープを置いて縫う。子供用のバイアステープは、片側を開いて1.5cm切り取る。衿を立て、縫い代をバイアステープで押さえてステッチをかける。

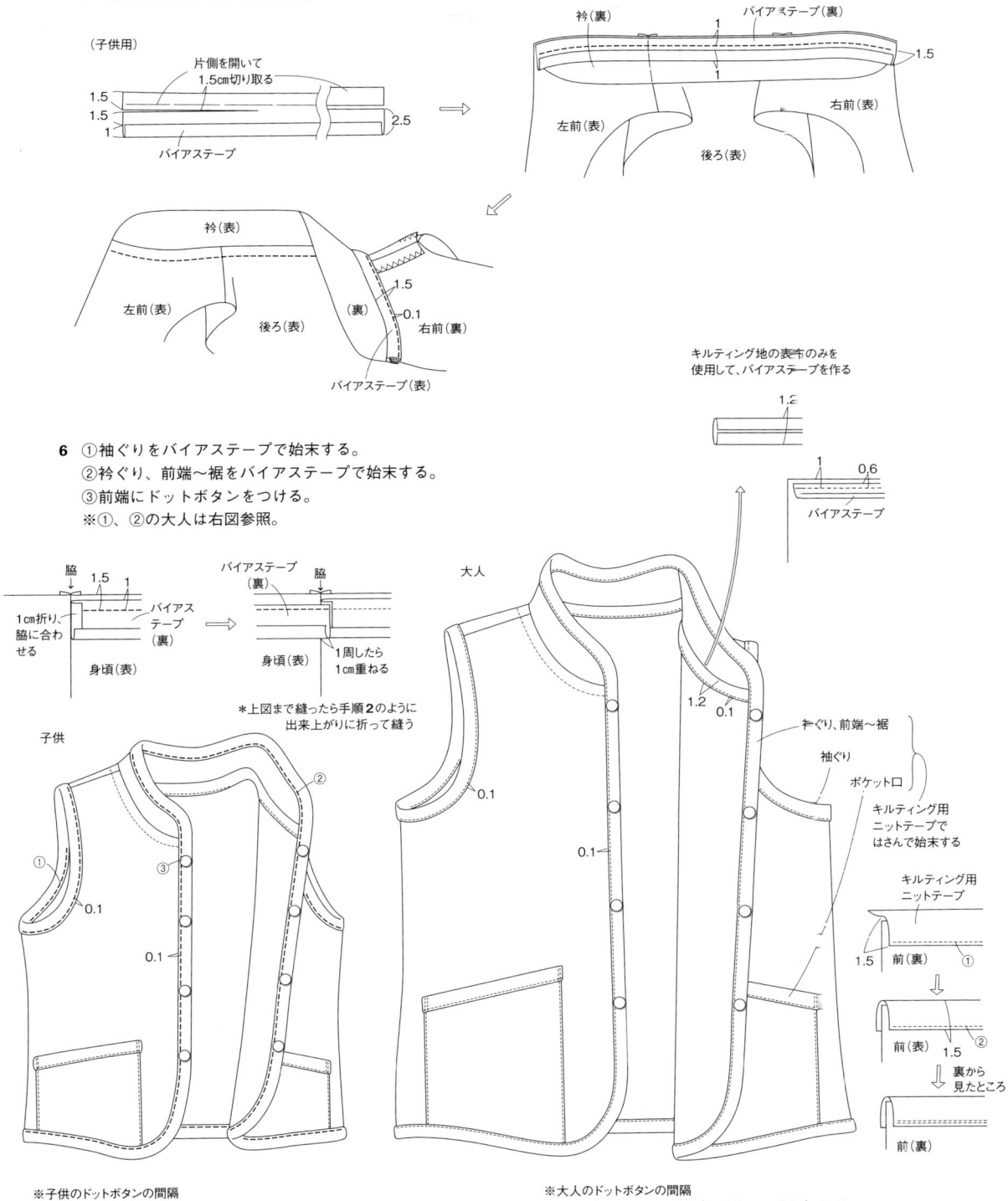

6 ①袖ぐりをバイアステープで始末する。
②衿ぐり、前端〜裾をバイアステープで始末する。
③前端にドットボタンをつける。
※①、②の大人は右図参照。

※子供のドットボタンの間隔
　90サイズ=5.7cm　100サイズ=6.2cm　110サイズ=7cm
　120サイズ=8.2cm　130サイズ=9.3cm

※大人のドットボタンの間隔
　Sサイズ=10.4cm　Mサイズ=10.6cm　Lサイズ=10.8cm

6 タック入りバッグ

14 PAGE

タックを倒す方向に注意しましょう。

出来上がり寸法
入れ口幅 約34cm　深さ約40cm

使用するパターン
表・裏袋布

材料
リバティプリント メドゥ……………65cm×90cm
C&Sやさしいリネン パープル……80cm×100cm
接着芯……………………………………40cm×50cm

作り方

1
①持ち手の裏に接着芯を貼る。
②中表に折って縫う。
③縫い代を割り、表に返す。
④両端をステッチで押さえる。

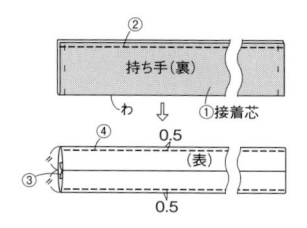

[裁ち合わせ図]
※ ▨ は接着芯を貼る位置
※指定以外の縫い代は1cm

2 裏袋布を中表に合わせ、返し口を残して脇から底を縫い、縫い代を割る。表袋布も同様に縫うが、返し口は残さず、すべて縫う。

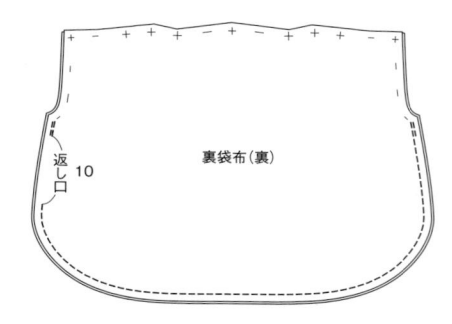

3 タックをたたみ、表袋布と裏袋布を中表に合わせ、持ち手をはさんで、ぐるりと入れ口を縫う。返し口から表に返す。

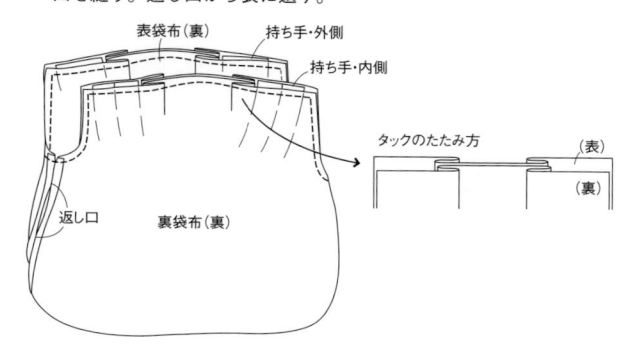

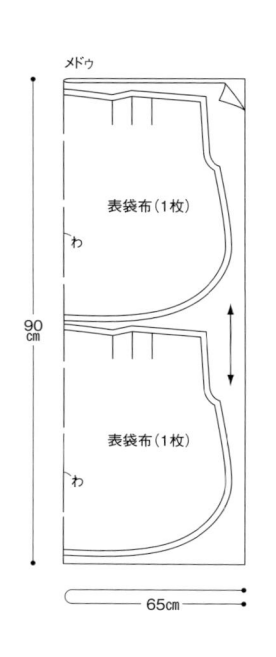

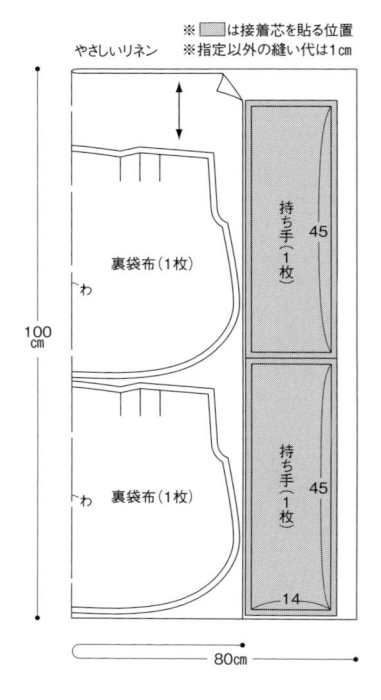

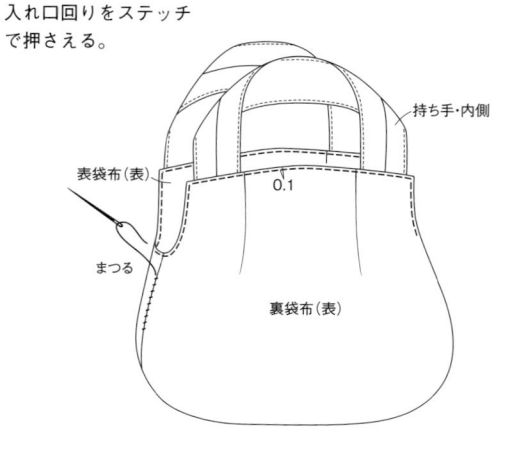

4 返し口をまつる。
入れ口回りをステッチで押さえる。

12 ハーフパンツ・大人(メンズ)
13 ハーフパンツ・大人(レディース)
14 ハーフパンツ・子供

28 PAGE

大人メンズ用の出来上がり寸法
S …… ウエスト83cm・股下29.5cm
M …… ウエスト87cm・股下29.5cm
L …… ウエスト92cm・股下30cm

大人レディース用の出来上がり寸法
S …… ウエスト81cm・股下25cm
M …… ウエスト85cm・股下25cm
L …… ウエスト91cm・股下25cm

子供用の出来上がり寸法
 90 …… ウエスト51cm・股下13.5cm
100 …… ウエスト52cm・股下15cm
110 …… ウエスト54cm・股下16cm
120 …… ウエスト58cm・股下18cm
130 …… ウエスト60cm・股下20cm

使用するパターン
メンズ ……… 前後パンツ・向布・袋布
レディース … 前後パンツ・向布・袋布
子供 ………… 前後パンツ・向布・袋布

大人メンズ用の材料
ナチュラルコットンチノクロス　カーキ
…………………110cm幅をS=140cm　M=150cm　L=150cm
ゴムテープ…………2cm幅をS=78cm　M=82cm　L=86cm
ひも・ベージュ………S=145cm　M=150cm　L=160cm
1.2cm幅の接着テープ…50cm

大人レディース用の材料
ナチュラルコットンチノクロス　ネイビーまたは
C&Sハーフリネンギンガムチェック　ベージュ×黒
…………………110cm幅をS=130cm　M=130cm　L=135cm
ゴムテープ…………2cm幅をS=68cm　M=72cm　L=77cm
ひも・紺……………S=135cm　M=140cm　L=150cm
1.2cm幅の接着テープ…45cm

子供用の材料
C&Sサマーストライプ
…………………110cm幅を90=75cm　100=80cm
　　　　　　　　110=80cm　120=85cm　130=90cm
ゴムテープ…………1.8cm幅を90=45cm　100=46cm
　　　　　　　　110=48cm　120=51cm　130=53cm
ひも・白
…………………90=95cm　100=100cm
　　　　　　　　110=100cm　120=110cm　130=110cm
1.2cm幅の接着テープ…40cm

大人用、子供用とも同じ作り方です。ポケットの作り方は一見難しそうですが、ステップごとに進めば簡単に仕上がります。股下の補強はこまんで縫うだけの簡単補強です。

[裁ち合わせ図]

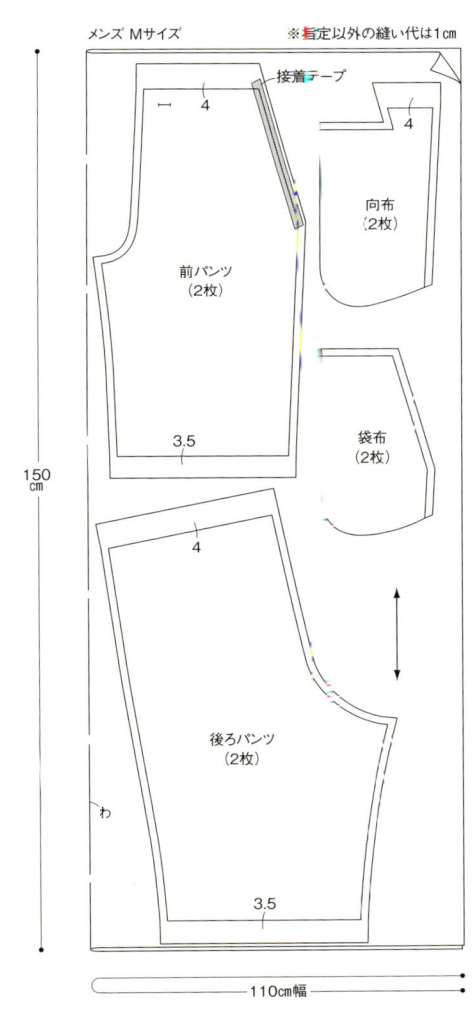

メンズ Mサイズ　※指定以外の縫い代は1cm

レディース Mサイズ　　　※指定以外の縫い代は1cm

接着テープ
4
4
前パンツ
(2枚)
向布
(2枚)
3.5
袋布
(2枚)
わ
4
後ろパンツ
(2枚)
3.5
130cm
110cm幅

子供用110サイズ　　　※指定以外の縫い代は1cm

袋布
(2枚)
3.5
向布
(2枚)
各サイズ共通
接着テープ
1.5
1.5
2.5
3.5
3.5
後ろパンツ
(2枚)
前パンツ
(2枚)
わ
3
3
80cm
110cm幅

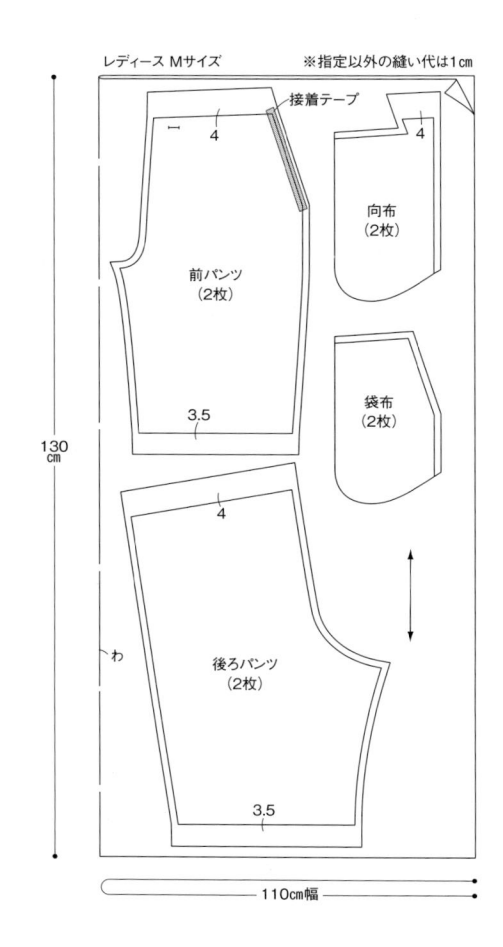

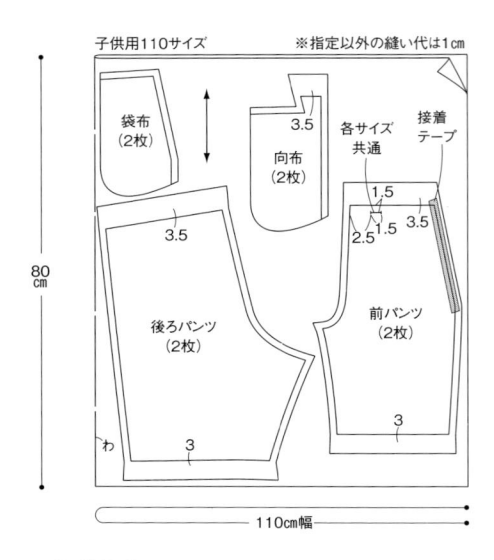

作り方

1 前後パンツの股上、股下をジグザグミシンで始末する。
前パンツにひも通し穴(ボタンホールと同じ)を作る。

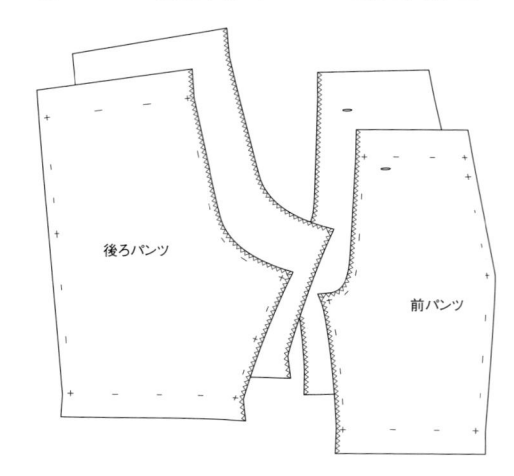

後ろパンツ　　前パンツ

2 ポケットを作る。

左ポケット(右ポケットは対称に作る)。

①袋布と向布を中表に合わせ、回りを2本縫う。
②ジグザグミシンで始末する。

③ポケット口と前パンツを中表に合わせて縫う。

④ポケット口をステッチで押さえる。

⑤向布を縫い止める。

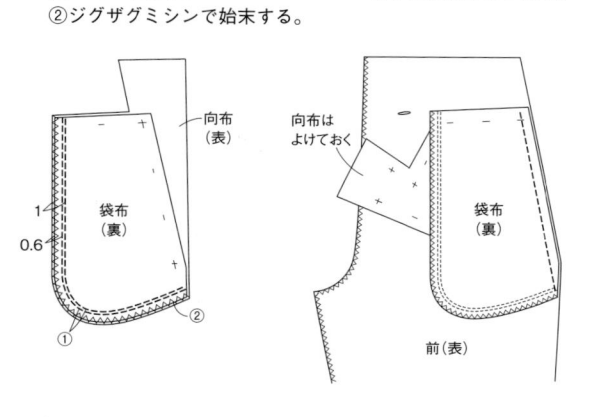

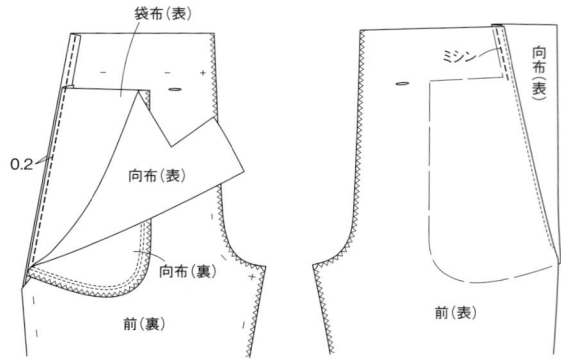

向布(表)
1
0.6
袋布(裏)
①
②

向布はよけておく
袋布(裏)
前(表)

0.2
向布(表)
向布(裏)
前(裏)

ミシン
向布(表)
前(表)

3 前後パンツを中表に合わせ、脇と股下を縫う。脇の縫い代は2枚一緒にジグザグミシンで始末する。

4 ①脇の縫い代を後ろに倒し、ステッチで押さえる。
②ポケット口下を二度縫いする。

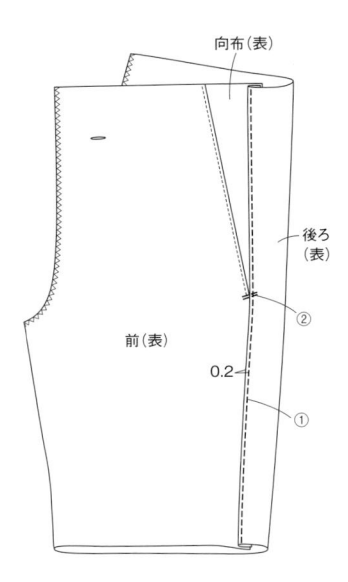

5 左右を中表に合わせ、ゴム通し口を残して股上を縫う。縫い代を割る。

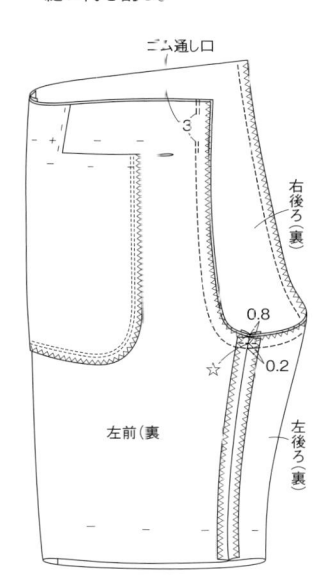

6 股の縫い代をつまみ、交点☆の前後に補強のステッチをかける。

7 ウエスト、裾を三つ折りにして縫う。ゴムテープを通し、ひもを通す。

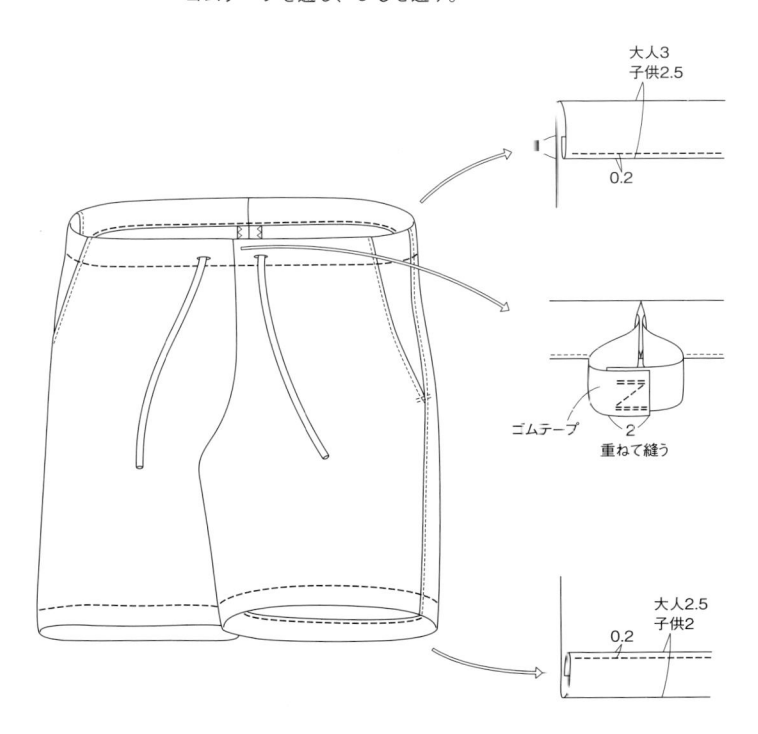

大人3 子供2.5
0.2

ゴムテープ
重ねて縫う
2

大人2.5 子供2
0.2

85

8 キャミソールワンピース

16 PAGE

出来上がり寸法
- S ……バスト82cm・着丈(ひもを含まず)75cm
- M ……バスト86cm・着丈(ひもを含まず)75.5cm
- L ……バスト92cm・着丈(ひもを含まず)76.5cm

使用するパターン
身頃

材料
リバティプリント ロザリンド
……………………SMLともに110cm幅235cm

ギャザーが均一になるように、ポイントごとに合印を合わせましょう。

[裁ち合わせ図]

Mサイズ　※指定以外の縫い代は1cm

上スカート(1枚) 37
33※
身頃(1枚)
肩ひも3.2×140 (2枚)
身頃(1枚)
上スカート(1枚) 37
33※
下スカート(1枚) 27.5
53※　2
下スカート(1枚) 27.5
53※　2
235cm
110cm幅
3.2cm

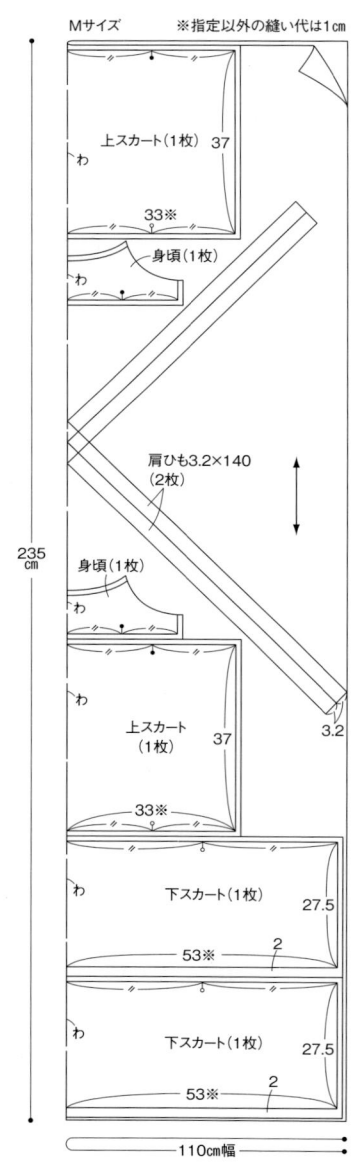

上スカート　※印の33はSサイズ31、Lサイズ35
下スカート　※印の53はSサイズ52、Lサイズ54

作り方

1 身頃、上下スカートの脇の縫い代をジグザグミシンで始末する。

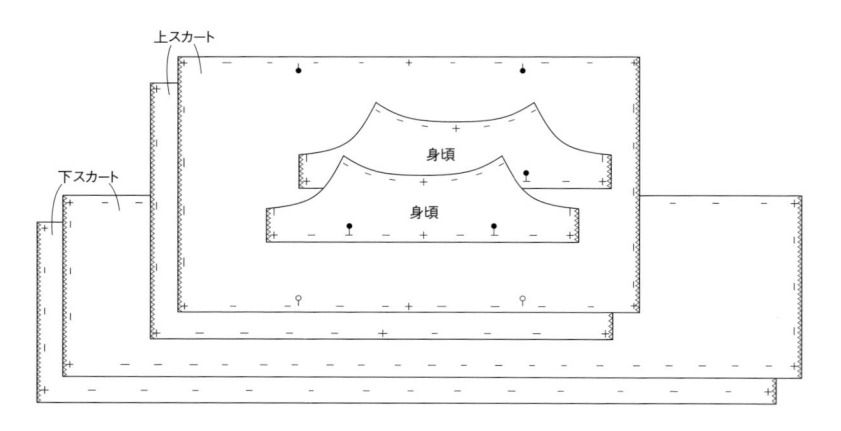

上スカート
下スカート
身頃
身頃

2 身頃を中表に合わせて脇を縫う。縫い代は割る。衿ぐりを三つ折りにして縫う。

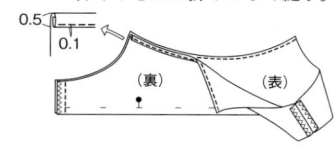

0.5　0.1　(裏)　(表)

3 上下スカートをそれぞれ中表に合わせて脇を縫う。縫い代は割る。

上スカート(裏)
下スカート(裏)

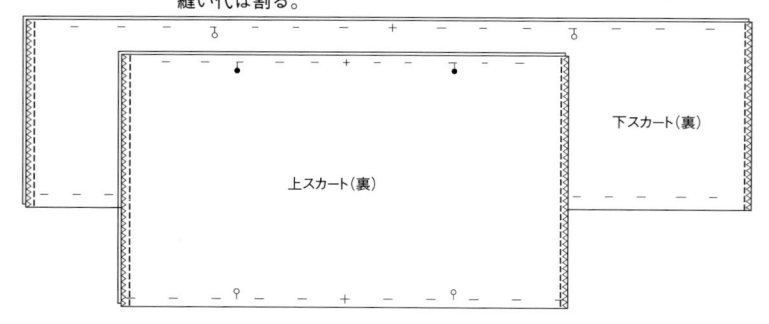

4 上下スカートそれぞれ、出来上がり線をはさんで粗い針目でギャザーミシンを2本かける。

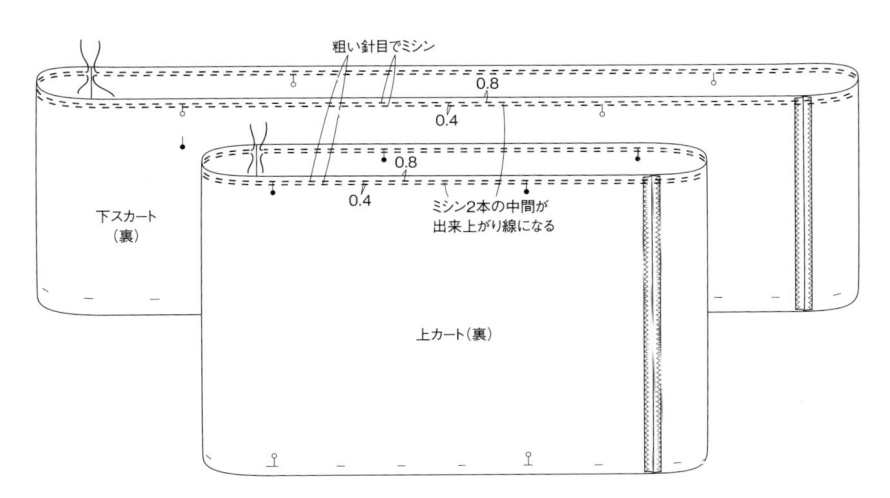

粗い針目でミシン
0.8
0.4
下スカート（裏）
0.8
0.4
ミシン2本の中間が出来上がり線になる
上スカート（裏）

5 ①上スカートのギャザーを寄せ、身頃と中表に合わせて縫う。
②下スカートのギャザーを寄せ、上スカートと中表に合わせて縫う（①、②ともギャザーが均一になるよう合印を合わせる）。
③それぞれの縫い代を2枚一緒にジグザグミシンで始末する。
④裾を三つ折りにして縫う。

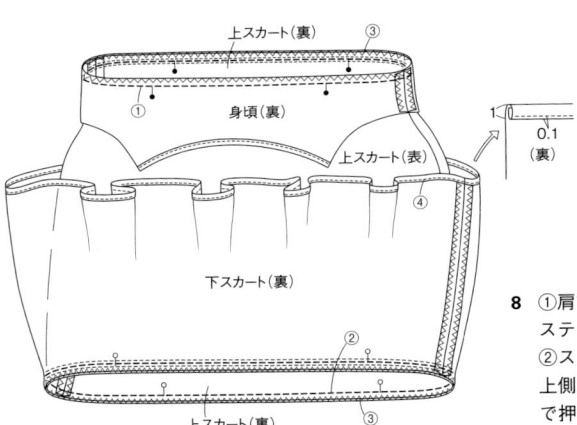

上スカート（裏）①
身頃（裏）
上スカート（表）
下スカート（裏）
0.1
（裏）
②
③
④
上スカート（裏）③

6 肩ひもを折って、アイロンで押さえる。半分に折り、中心に印をつける。

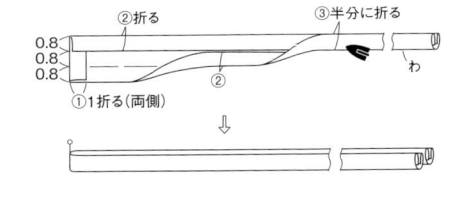

0.8
0.8
0.8
②折る
②
③半分に折る
わ
①1折る（両側）

7 片側の縫い代を開いた肩ひもと脇を中表に合わせ、身頃と重なっているところを縫う。もう片側も同様に縫う。

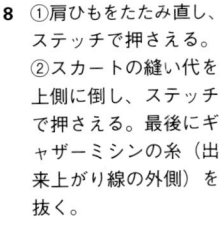

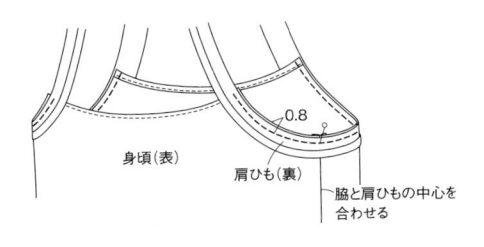

身頃（表）
肩ひも（裏）
0.8
脇と肩ひもの中心を合わせる

8 ①肩ひもをたたみ直し、ステッチで押さえる。
②スカートの縫い代を上側に倒し、ステッチで押さえる。最後にギャザーミシンの糸（出来上がり線の外側）を抜く。

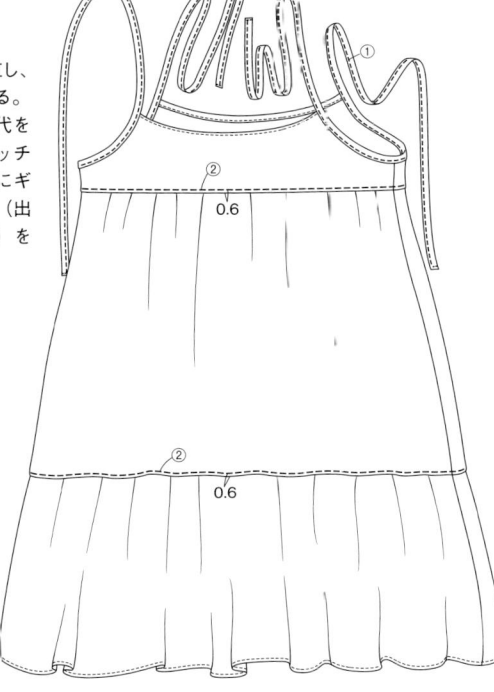

①
②
0.6
②
0.6

9 ギャザーの巻きスカート

17 PAGE

出来上がり寸法
S ⋯⋯ ウエスト69cm・丈57.5cm
M ⋯⋯ ウエスト73cm・丈57.5cm
L ⋯⋯ ウエスト78.5cm・丈59.5cm

使用するパターン
前後スカート・前後ベルト・袋布

材料
リバティプリント ドッツ
⋯⋯⋯⋯⋯⋯⋯⋯⋯⋯110cm幅でS=250cm
　　　　　　　　　M=250cm　L=260cm
接着芯⋯⋯⋯⋯⋯⋯⋯90cm幅30cm
1.2cm幅の接着テープ … 35cm

ポケットの作り方は一見難しそうですが、ステップごとに進めば案外簡単に仕上がります。きわを縫う時などほかの布を縫い込まないよう、注意しましょう。

[裁ち合わせ図]

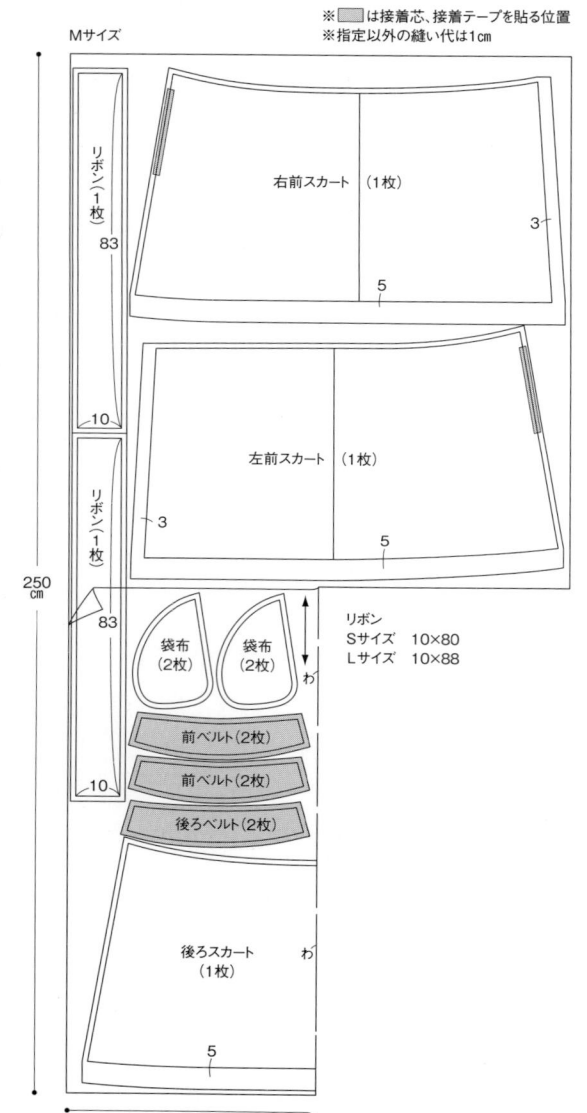

Mサイズ
※ ▨ は接着芯、接着テープを貼る位置
※指定以外の縫い代は1cm

リボン(1枚) 83
リボン(1枚) 10
右前スカート(1枚) 3 5
左前スカート(1枚) 3 5
袋布(2枚) 袋布(2枚)
リボン Sサイズ 10×80 Lサイズ 10×88
前ベルト(2枚)
前ベルト(2枚)
後ろベルト(2枚)
後ろスカート(1枚) 5
わ
250cm
110cm幅

作り方

1 前スカートのポケット口の裏に接着テープを貼る。後ろスカートと左右前スカートを中表に合わせて、ポケット口を残して脇を縫う。縫い代は割る。

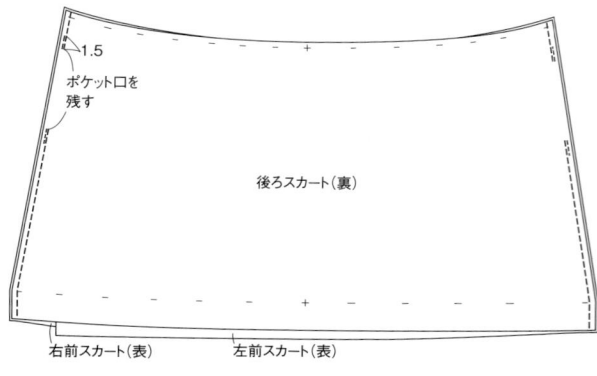

1.5
ポケット口を残す
後ろスカート(裏)
右前スカート(表)　左前スカート(表)

2 ポケットを作る。

左ポケット（右ポケットは対称に作る）

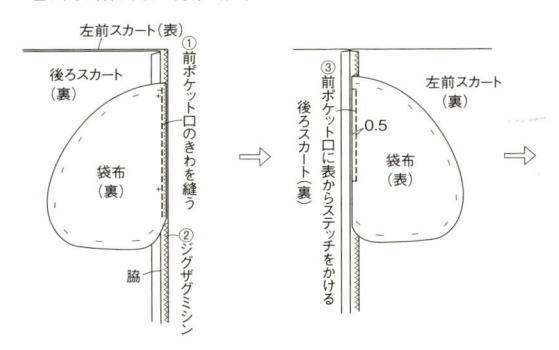

3 ①裾を三つ折りにして縫う。
②前端を三つ折りにして縫う。
③ウエストの出来上がり線をはさんで粗い針目のギャザーミシンを2本かける。

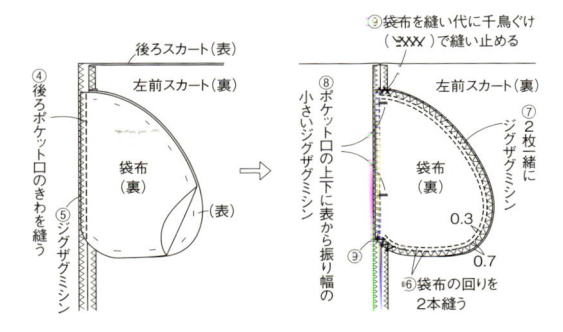

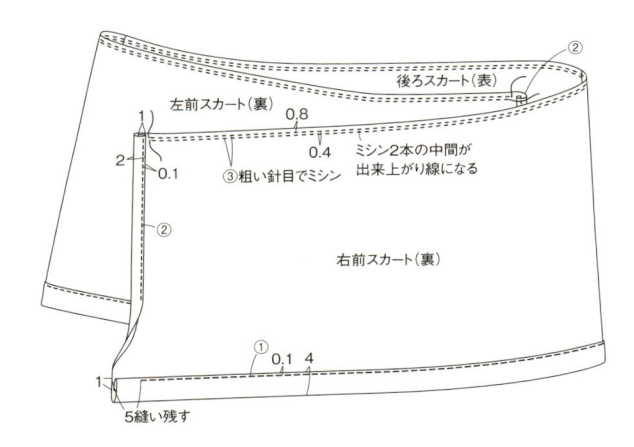

4 リボンを中表に折って縫い、表に返してステッチで押さえる。

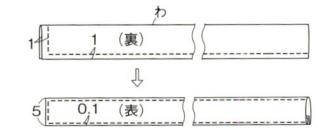

5 前後ベルト3枚を中表に合わせて、2枚ずつ脇を縫う。縫い代は割る。2枚作る。

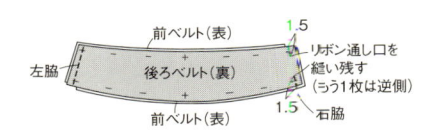

6 ベルトを中表に合わせて縫う。

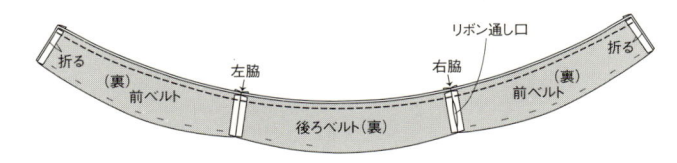

7 ウエストのギャザーを寄せ、スカートと前後ベルトを中表に合わせて縫う。ベルトの逆側の縫い代は折ってアイロンで押さえる。

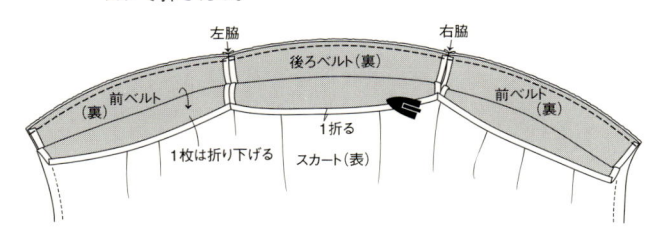

8 ①リボンをベルトにはさみ、縫いつける。
②ベルト回りをステッチで押さえる。
③リボン通しの回りをステッチで押さえる。
④最後にギャザーミシンの糸（出来上がり線の外側）を抜く。

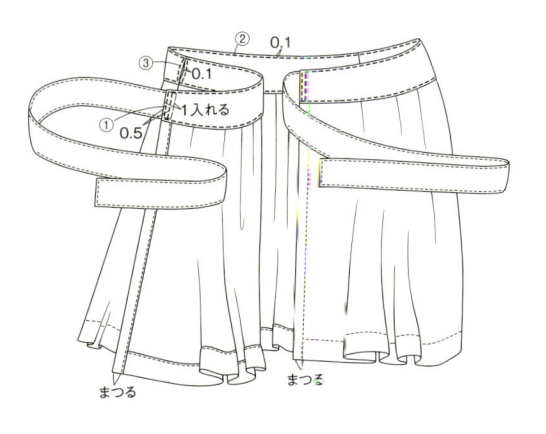

15 黒い実のワンピース・大人
16 黒い実のワンピース・子供
30 PAGE

大人も子供も衿ぐり以外同じ作り方で、天竺を縫い合わせる時はニット用ミシン糸を使用します。スカートは2枚重ねですが、2枚別々にギャザーミシンをかけてギャザーを寄せ、一緒に身頃と縫い合わせます。

大人用の出来上がり寸法
S ……バスト85cm・肩幅35cm・袖丈55.5cm・着丈93cm
M ……バスト89cm・肩幅36cm・袖丈56cm・着丈95cm
L ……バスト94cm・肩幅37cm・袖丈56.5cm・着丈97cm

子供用の出来上がり寸法
90 ……バスト56cm・肩幅22cm・袖丈31cm・着丈53.5cm
100 ……バスト60cm・肩幅24cm・袖丈34cm・着丈58.5cm
110 ……バスト64cm・肩幅26cm・袖丈37cm・着丈64.5cm
120 ……バスト68cm・肩幅28cm・袖丈40cm・着丈70.5cm
130 ……バスト72cm・肩幅30cm・袖丈43cm・着丈76.5cm

使用するパターン
大人用 …… 前後身頃・袖・前後スカート
子供用 …… 前後身頃・袖・スカート(前後共通)

大人用の材料
C&Sカシミア入り天竺 黒
……………114cm幅(57cmの筒状)をSMLともに130cm
C&Sハーフラミーローン 黒
……………110cm幅をS=270cm　M=270cm　L=280cm
ニット用ミシン糸

子供用の材料
C&Sカシミア入り天竺 黒
……………114cm幅(57cmの筒状)を90=55cm　100=55cm
　　　　　110=60cm　120=60cm　130=70cm
C&Sハーフラミーローン 黒
……………110cm幅を90=130cm　100=135cm
　　　　　110=145cm　120=155cm　130=175cm
ニット用ミシン糸

[裁ち合わせ図]

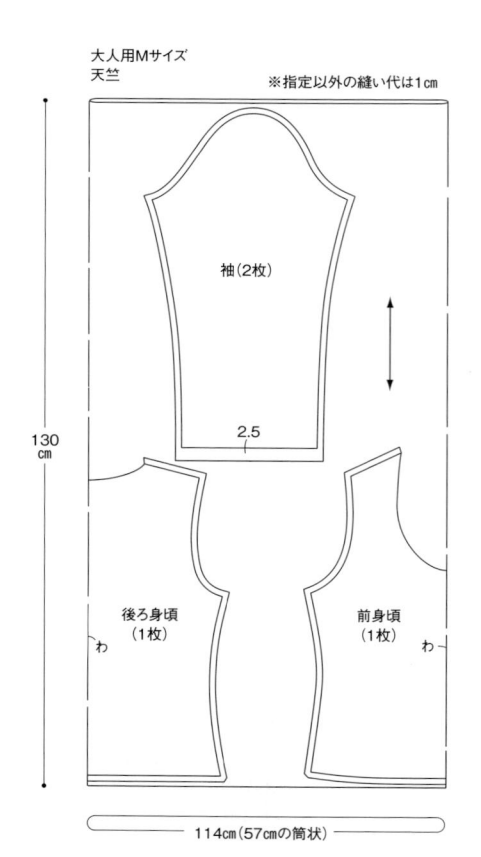

大人用Mサイズ
天竺
※指定以外の縫い代は1cm

袖(2枚)
2.5
後ろ身頃(1枚)
前身頃(1枚)
わ
130cm
114cm(57cmの筒状)

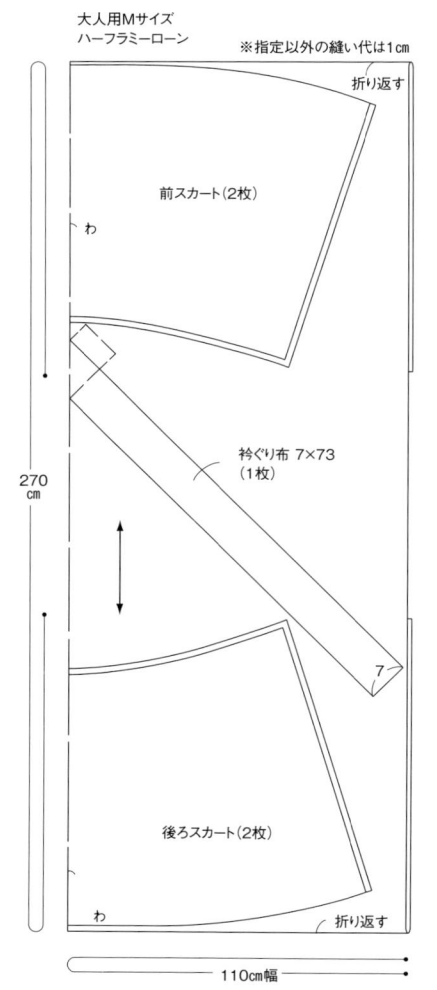

大人用Mサイズ
ハーフラミーローン
※指定以外の縫い代は1cm

折り返す
前スカート(2枚)
衿ぐり布 7×73 (1枚)
270cm
7
後ろスカート(2枚)
わ
折り返す
110cm幅

衿ぐり布　Sサイズ…7×70　Lサイズ…7×75

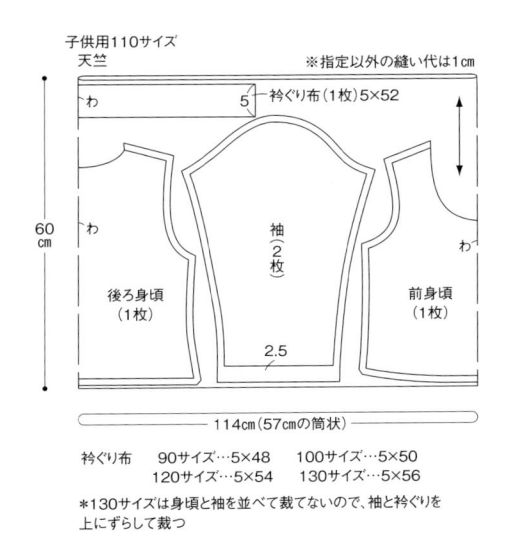

子供用110サイズ
天竺
※指定以外の縫い代は1cm

衿ぐり布(1枚)5×52

後ろ身頃(1枚)
袖(2枚)
前身頃(1枚)

60cm
2.5
114cm(57cmの筒状)

衿ぐり布　90サイズ…5×48　100サイズ…5×50
　　　　　120サイズ…5×54　130サイズ…5×56
*130サイズは身頃と袖を並べて裁てないので、袖と衿ぐりを上にずらして裁つ

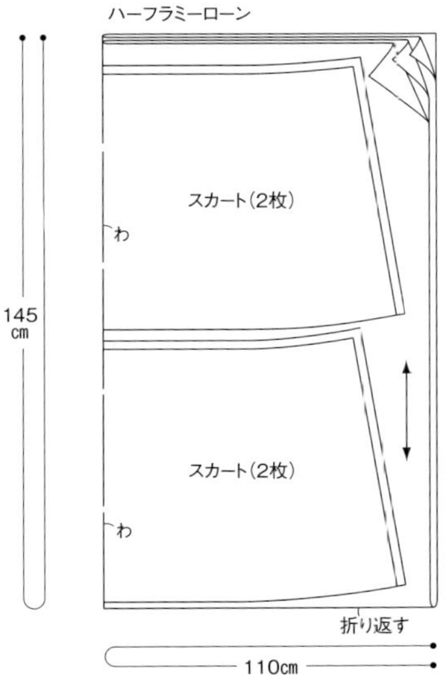

ハーフラミーローン

スカート(2枚)
スカート(2枚)

145cm
折り返す
110cm

作り方

1 前後身頃を中表に合わせ、右肩を縫う。
縫い代は2枚一緒にジグザグミシンで始末し、後ろに倒す。

後ろ身頃(表)
前身頃(裏)

2 衿ぐりを作る(子供用)。
①衿ぐり布端の片側をジグザグミシンで始末する。
②衿ぐり布を出来上がりに折り、衿ぐりのカーブに合わせてアイロンでクセづけをする。
③身頃と衿ぐり布を中表に合わせて縫う。
④衿ぐりをくるみ、ジグザグミシンで押さえる。

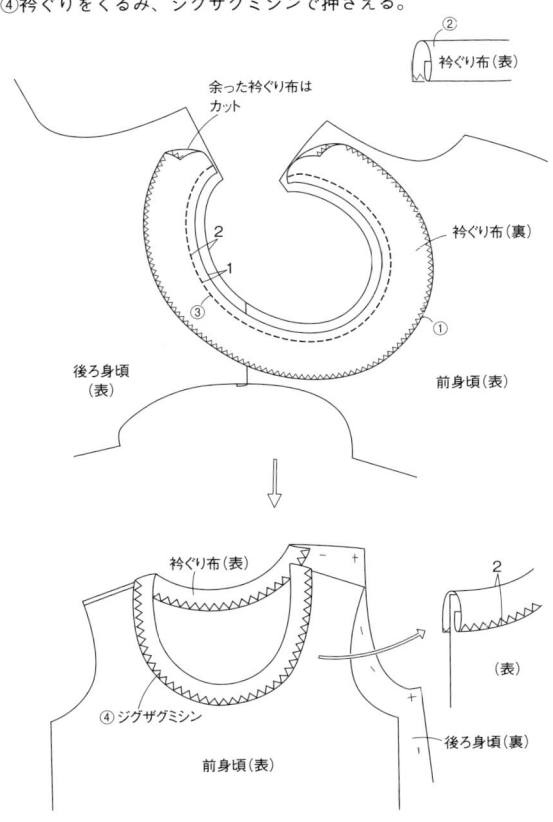

②
衿ぐり布(表)

余った衿ぐり布はカット

衿ぐり布(裏)
2
1
③①
後ろ身頃(表)　前身頃(表)

3 左肩を中表に合わせて縫い、
縫い代は2枚一緒にジグザグミシンで始末する。
縫い代を後ろに倒し、ステッチで押さえる。

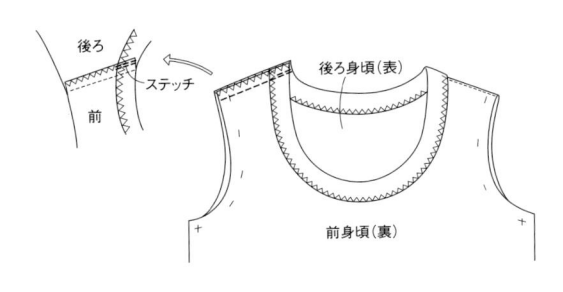

後ろ
ステッチ
前

後ろ身頃(表)
前身頃(裏)

衿ぐり布(表)
2
④ジグザグミシン
(表)
前身頃(表)
後ろ身頃(裏)

4 袖口を折り、ジグザグミシンで
ステッチする。

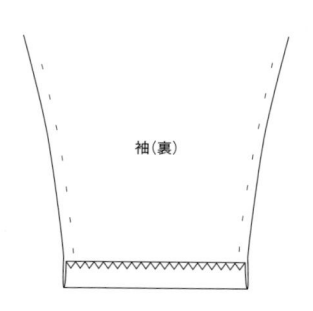

5 身頃と袖を中表に合わせて縫い、縫い代は2枚
一緒にジグザグミシンで始末し、身頃側に倒す。

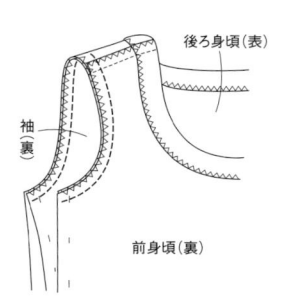

後ろ身頃(表)
袖(裏)
前身頃(裏)

6 前後身頃を中表に合わせ、袖口〜裾まで続けて
縫う。縫い代は2枚一緒にジグザグミシンで始
末し、後ろに倒す。袖口をステッチで押さえる。

袖(裏)
後ろ
前
ステッチ
前身頃(裏)

7 スカート2枚を中表に合わせ、脇を
縫う。縫い代は2枚一緒にジグザグ
ミシンで始末し、前側に倒す。もう
1枚も同様に作るが、
縫い代を倒す方向を後ろ側にする。

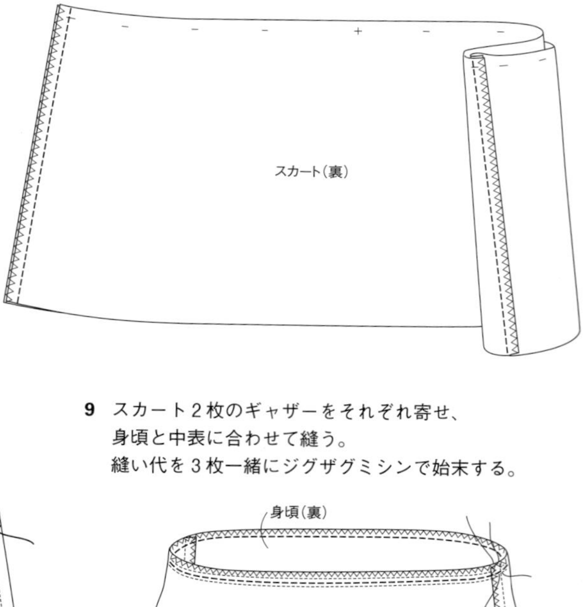

スカート(裏)

8 裾に振り幅の狭い細かいジグザグミシンのステッチを
かける。ウエストの出来上がり線をはさんで、粗い針
目のギャザーミシンを2本かける。

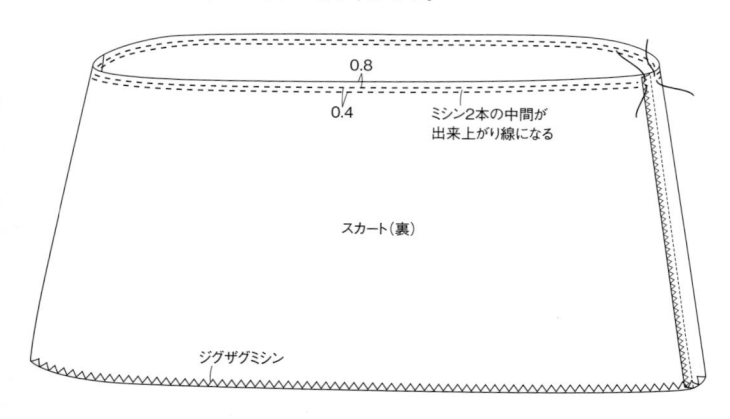

0.8
0.4
ミシン2本の中間が
出来上がり線になる
スカート(裏)
ジグザグミシン

9 スカート2枚のギャザーをそれぞれ寄せ、
身頃と中表に合わせて縫う。
縫い代を3枚一緒にジグザグミシンで始末する。

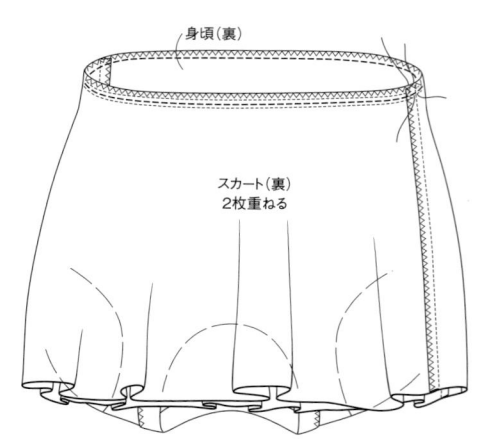

身頃(裏)
スカート(裏)
2枚重ねる

10 表に返す。
最後にギャザーミシンの糸
（出来上がり線の外側）を抜く。

子供

大人

大人の衿ぐり

出来上がりに折り、衿ぐりの
カーブに合わせてアイロンで
クセづけをする

衿ぐり布（裏）
身頃（表）

衿ぐり布（表）
身頃（表）

93

17 アリウムのチュニック

32 PAGE

ギャザーミシンを多用したデザインです。合印の間でギャザーが均一になるように気をつけましょう。カフスの縫い合わせ方は衿と同じです。

出来上がり寸法

S ……バスト116cm・ゆき丈74cm・着丈92.5cm
M ……バスト120cm・ゆき丈75cm・着丈93cm
L ……バスト126cm・ゆき丈76cm・着丈93.5cm

使用するパターン

前後身頃・袖・衿・カフス

材料

C&Sナチュラルコットンダブルガーゼ ホワイト
……………110cm幅をS=245cm M=250cm L=250cm
ボタン……φ1.1cm 11個

[裁ち合わせ図]

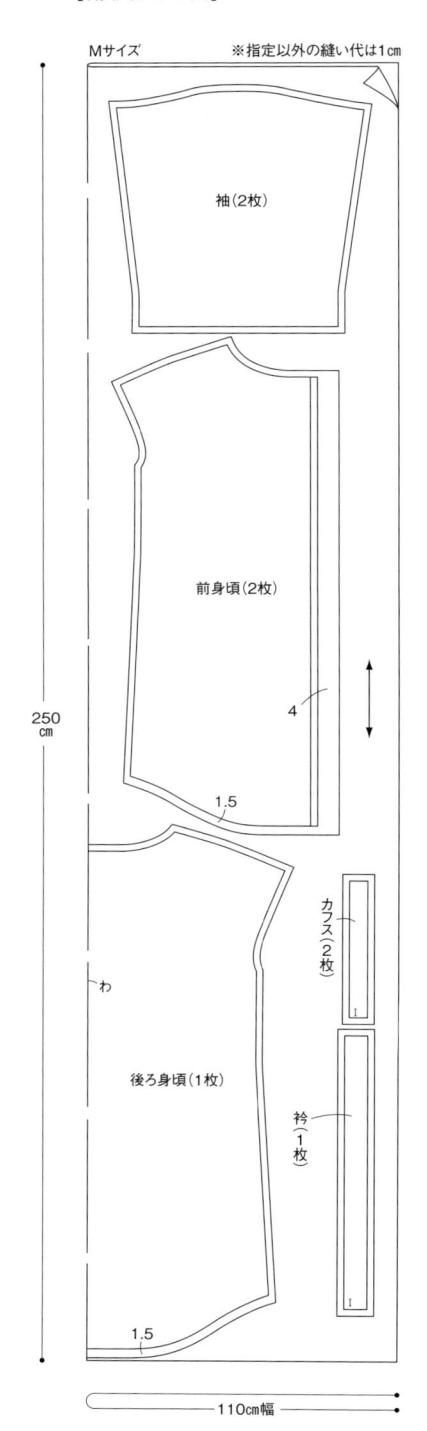

Mサイズ　※指定以外の縫い代は1cm

袖(2枚)
前身頃(2枚)
後ろ身頃(1枚)
カフス(2枚)
衿(1枚)

250cm
110cm幅

❂ 作り方

1 前後身頃の脇、袖下の縫い代をジグザグミシンで始末する。
衿ぐり、袖山、袖口のギャザー位置の出来上がり線をはさんで、粗い針目のギャザーミシンを2本かける。

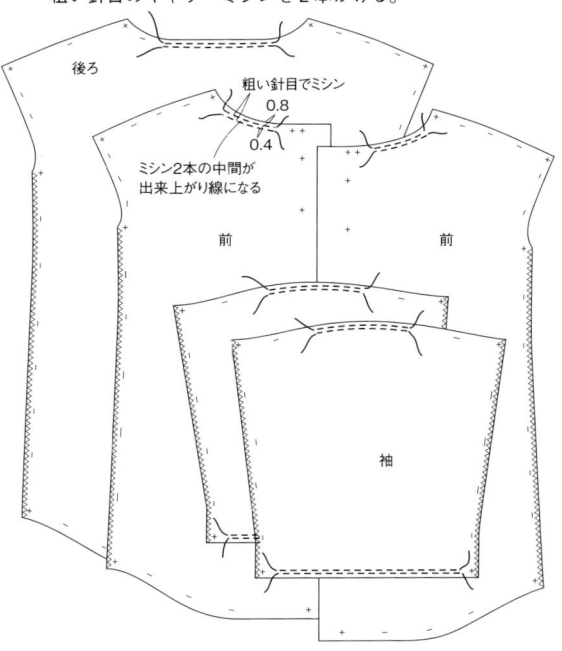

2 前後身頃を中表に合わせ、肩を縫い、縫い代を2枚一緒にジグザグミシンで始末する。

3 脇を中表に合わせて縫い、縫い代は割る。

4 前端を三つ折りにして縫う。

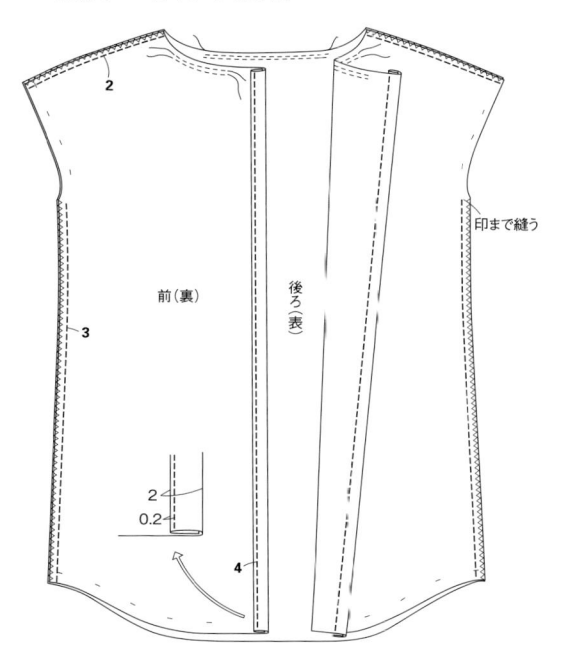

5 肩の縫い代を後ろに倒し、ステッチで押さえる。

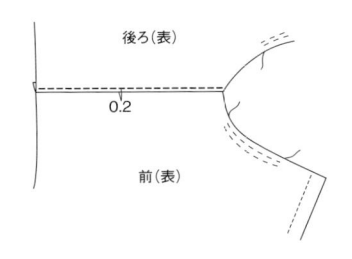

6 衿を作る。

①前後衿ぐりのギャザーを寄せ、衿と中表に合わせて縫う。
②衿の逆側の縫い代を折る。

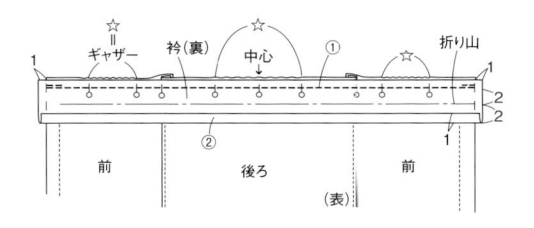

③衿を中表に折り、両端を縫う。

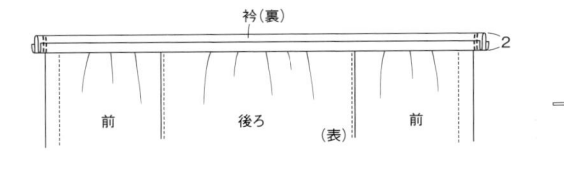

④衿を表に返し、ステッチで押さえる。

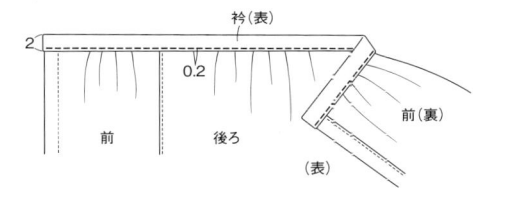

7 袖を中表に折り、袖下をあき止まりまで縫う。あき口を三つ折りにして縫う。

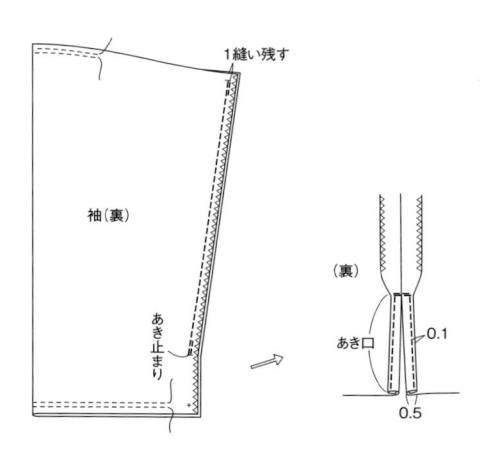

8 袖口を作る。袖口のギャザーを寄せ、カフスと中表に縫い、衿と同様に始末する。

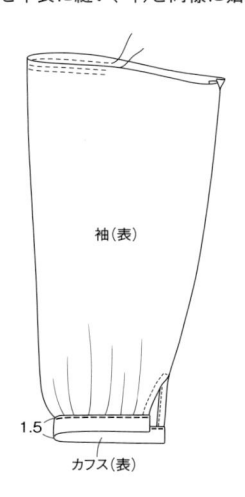

9 袖をつける。

①袖山のギャザーを寄せ(☆)、身頃と中表に合わせて縫う。縫い代を2枚一緒にジグザグミシンで始末する。

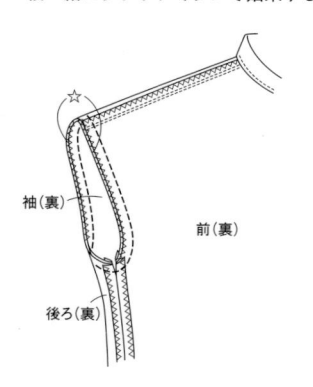

②袖ぐりの縫い代を身頃側に倒し、ステッチで押さえる。

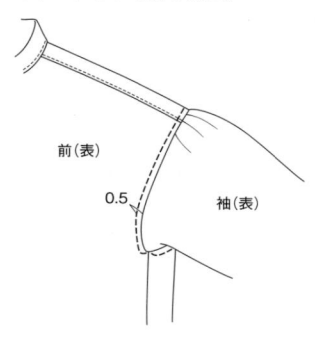

10 裾を三つ折りにして縫う。前立てとカフスにボタンホールを作り、ボタンをつける。最後にギャザーミシンの糸(出来上がり線の外側)を抜く。

18 すずらんのブラウス

34 PAGE

台衿のついたワンランク上の衿づけです。上衿、台衿は表衿のみ裏に薄手の接着芯を貼ります。そうすることで、台衿のボタンホールの仕上がりもきれいに。

出来上がり寸法

- S ……バスト121cm・ゆき丈63cm・着丈54cm
- M ……バスト125cm・ゆき丈64.5cm・着丈55cm
- L ……バスト129cm・ゆき丈66cm・着丈56cm

使用するパターン

前後身頃・袖・上衿・台衿・カフス

材料

C&S100/2（ひゃくそう）海のブロード
………………105cm幅を S＝175cm　M＝175cm　L＝185cm
薄手接着芯…25cm×65cm
ボタン………φ1.1cm 6個

[裁ち合わせ図]

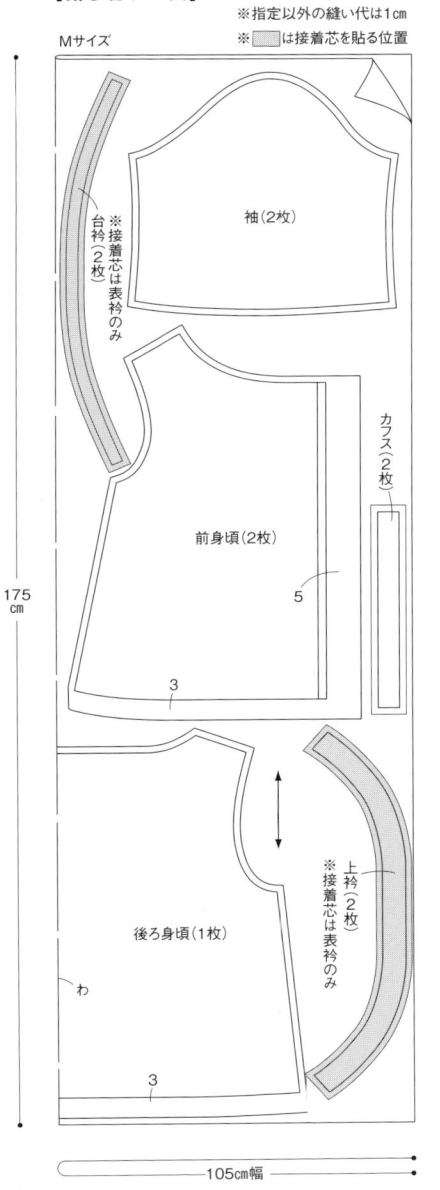

※指定以外の縫い代は1cm
※ ▨ は接着芯を貼る位置

Mサイズ

- 台衿(2枚) ※接着芯は表衿のみ
- 袖(2枚)
- カフス(2枚)
- 前身頃(2枚)　5
- 上衿(2枚) ※接着芯は表衿のみ
- 後ろ身頃(1枚)　わ
- 3
- 175cm
- 105cm幅

作り方

1 衿ぐり、袖口のギャザー位置の出来上がり線をはさんで、粗い針目のギャザーミシンを2本かける。

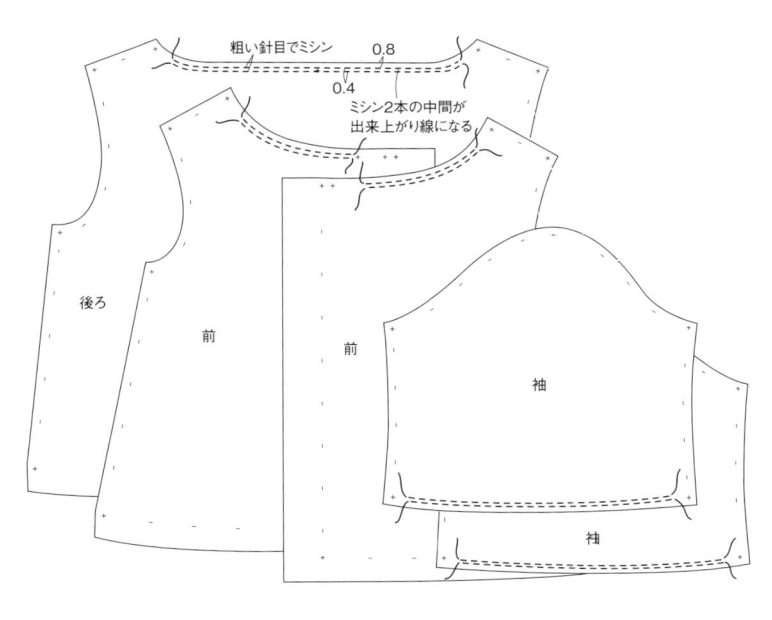

粗い針目でミシン　0.8
0.4
ミシン2本の中間が出来上がり線になる

後ろ　前　前　袖　袖

2 前後身頃を中表に合わせて肩を縫い、縫い代を2枚一緒にジグザグミシンで始末する。縫い代は後ろに倒す。

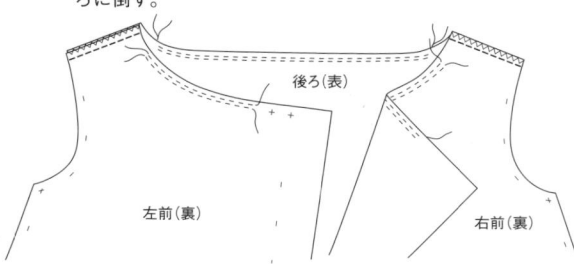

3 袖をつける。

① 身頃と袖を中表に合わせて縫う。縫い代を2枚一緒にジグザグミシンで始末する。

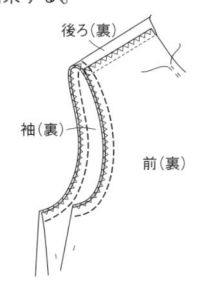

② 袖ぐりの縫い代を身頃側に倒し、ステッチで押さえる。

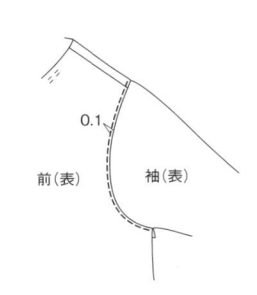

4 前後身頃を中表に合わせ、袖口〜裾まで続けて縫う。縫い代は2枚一緒にジグザグミシンで始末し、後ろに倒す。

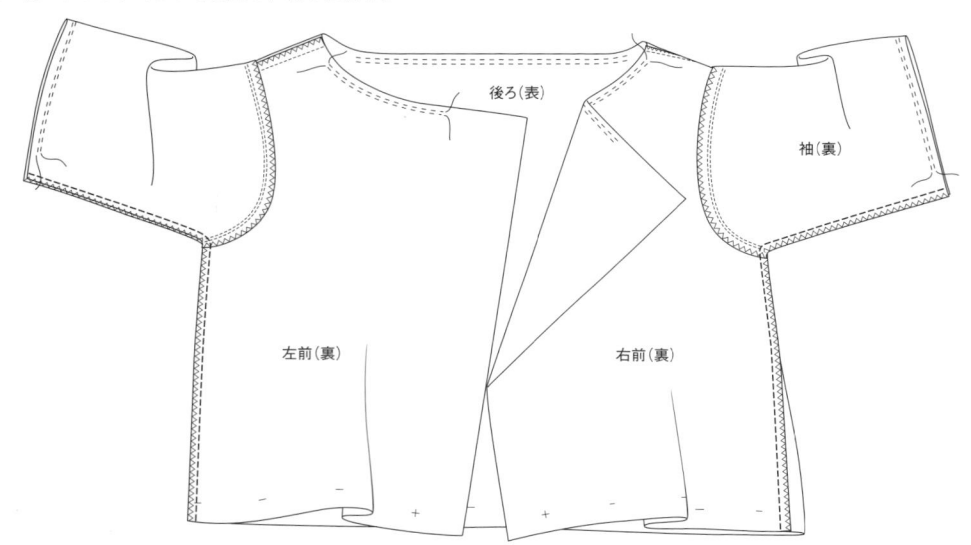

5 前端と裾の始末をする。

① 右前端は三つ折り、左前端は二つ折りして縫う。

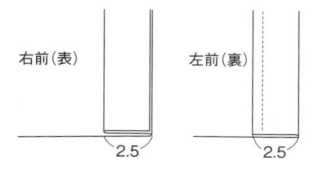

② 左前端を右前端と同様に三つ折りする。図のように縫い、余分な縫い代をカットして表に返す。

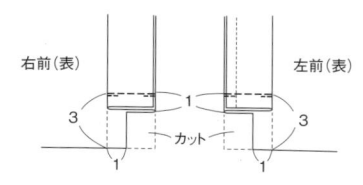

6 三つ折りにした裾と左右前端をアイロンで押さえてから、裾、右前の前端を縫う。

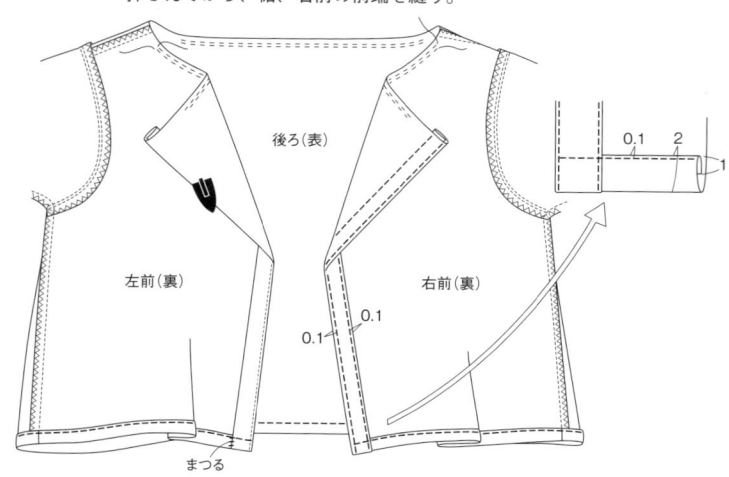

7 衿を作り、縫いつける。

①上衿を中表に合わせて縫う。

縫い代を0.5にカット　上衿(裏)

②表に返してステッチで押さえる。

上衿(表)　0.1

③台衿を中表に合わせ、衿をはさんで縫う。

0.5縫い残す　台衿(裏)　台衿(表)　縫い代を0.5にカット　上衿(表)　片側の縫い代を印から折って0.5にカット

④ギャザーを寄せた身頃に台衿の1枚を中表に合わせて縫う。

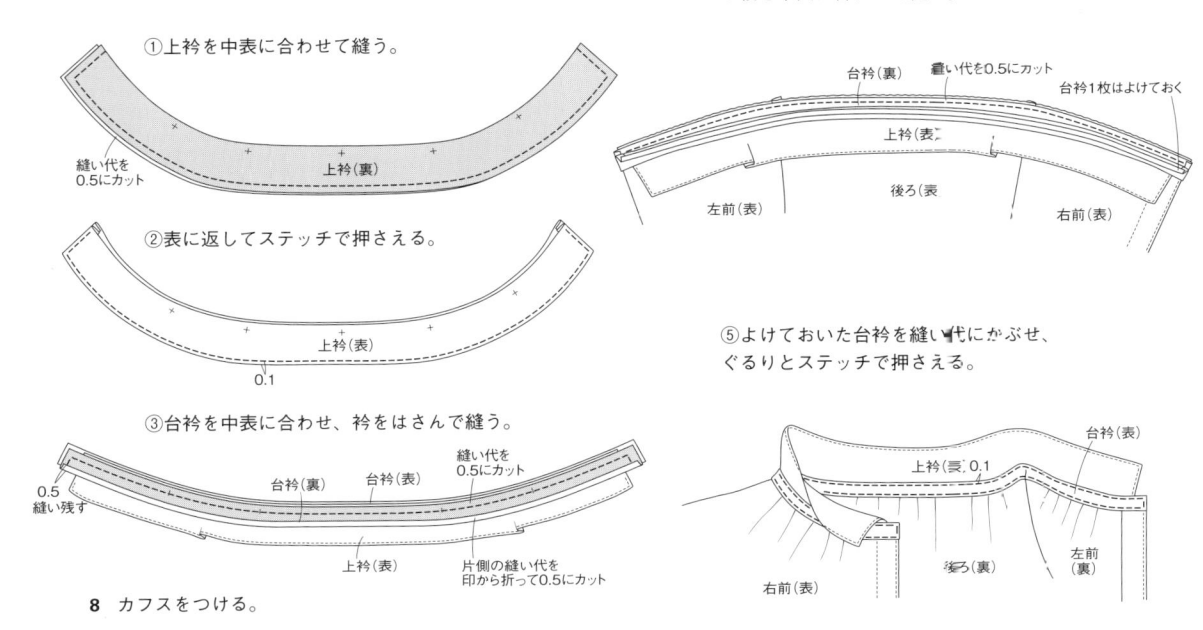

台衿(裏)　縫い代を0.5にカット　台衿1枚はよけておく　上衿(表)　左前(表)　後ろ(表)　右前(表)

⑤よけておいた台衿を縫い代にかぶせ、ぐるりとステッチで押さえる。

台衿(表)　上衿(表)0.1　右前(表)　後ろ(裏)　左前(裏)

8 カフスをつける。

①カフスを中表に合わせて縫う。縫い代を割る。

わ　カフス(裏)

②袖口のギャザーを寄せ、カフスと中表に合わせて縫う。
③逆側の縫い代を折る。

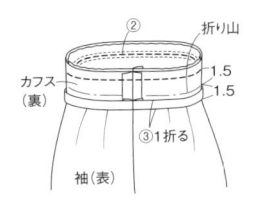

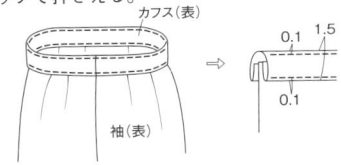

②　折り山　カフス(裏)　1.5　1.5　③1折る　袖(表)

④カフスで袖口をくるみ、ステッチで押さえる。

カフス(表)　袖(表)　0.1　1.5　0.1

9 ボタンホールを作り、ボタンをつける。最後にギャザーミシンの糸(出来上がり線の外側)を抜く。

20 ショール風カーディガン
37 PAGE

出来上がり寸法
着丈約60cm

材料
C&Sウールガーゼジャージー グレー……145cm幅120cm
中細程度の毛糸と針

作り始める前に必ず水通しをします。布端がくるくる丸まり、端の始末がいらない素材です。水通し後に端が外に丸まるほうを表にして作ります。

裁ち方と作り方

1 布を水通しする。
2 布に斜行がかかり、20〜30%縮むので、斜行部分をカットし、長方形にする。

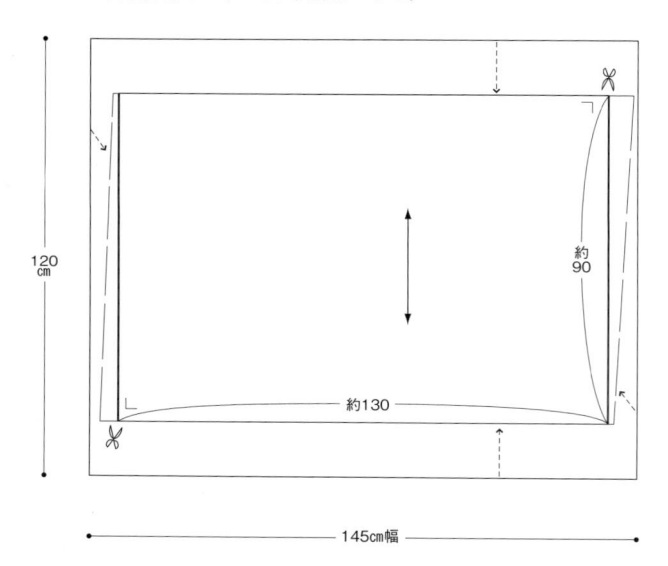

120cm / 約90 / 約130 / 145cm幅

3 中表に折り、わの両端各30cmを切る。
4 両端を毛糸で縫う。縫い始めと終わりは返し縫いをする。

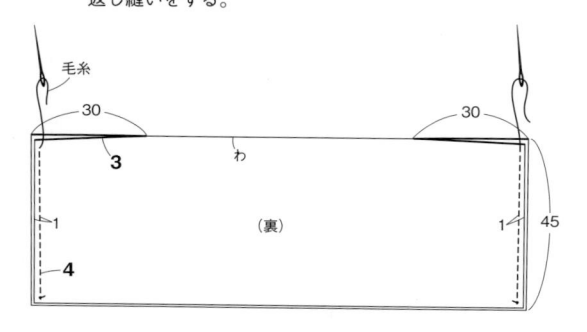

毛糸 / 30 / 3 / わ / 30 / (裏) / 1 / 1 / 45

5 表に返す。

布端は外に丸まる / 約60

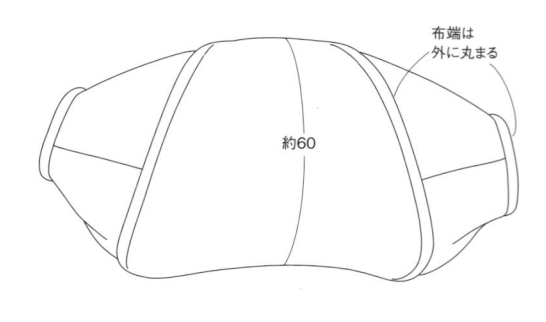

24 おやすみネコのぬいぐるみ
47 PAGE

29 ヘアバンド
58 PAGE

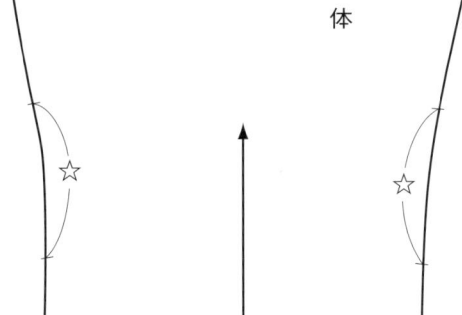

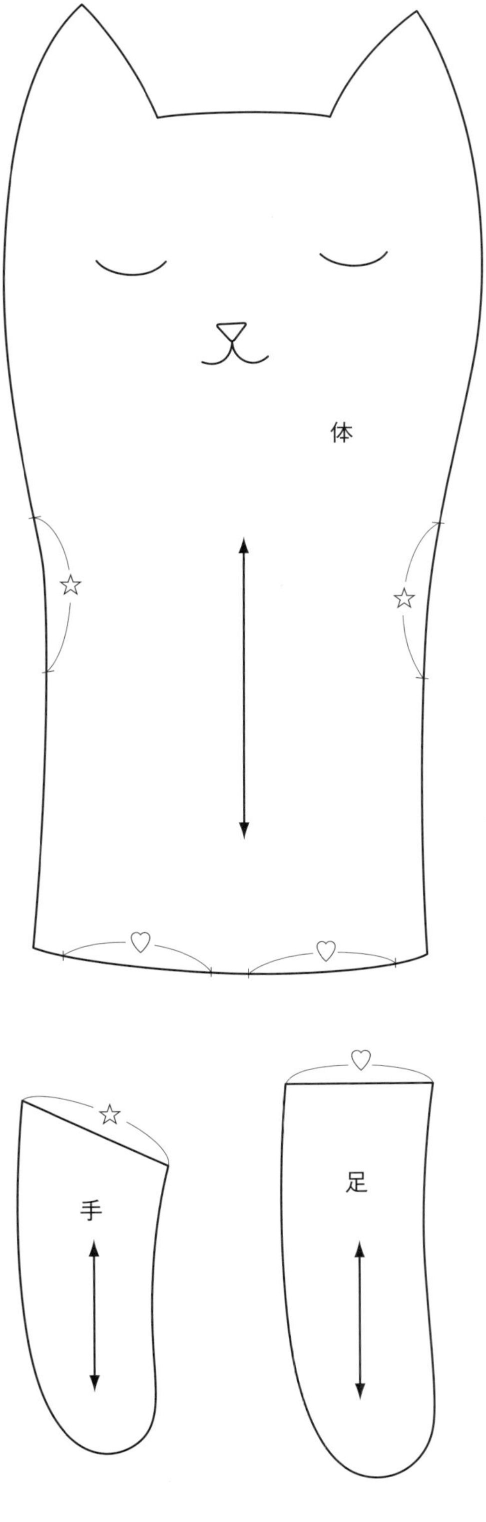

↓ 実物大型紙

体

手

足

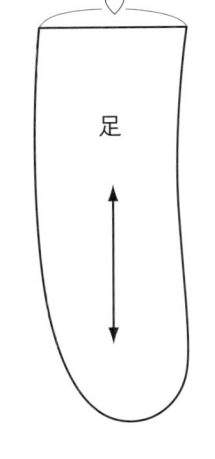

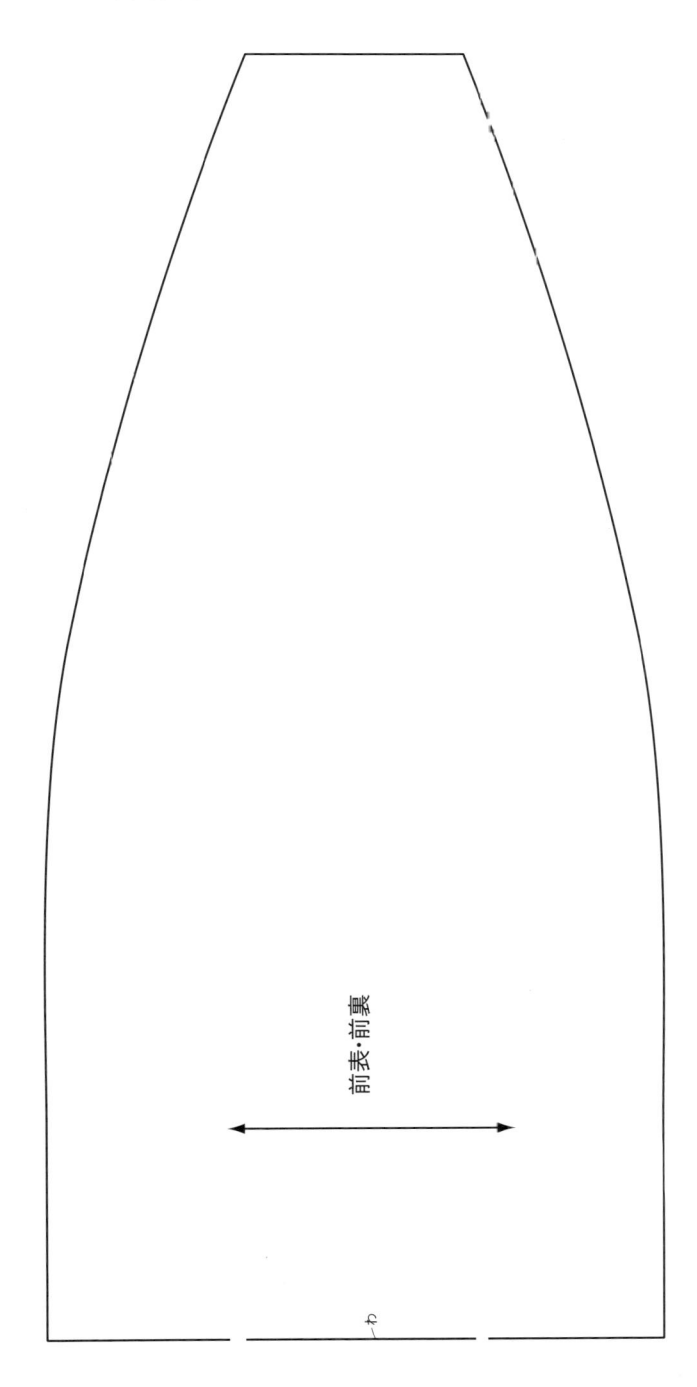

前表・前裏

25 ベビー帽
50 PAGE

⬇ 実物大型紙

フリル側

サイド

後ろ

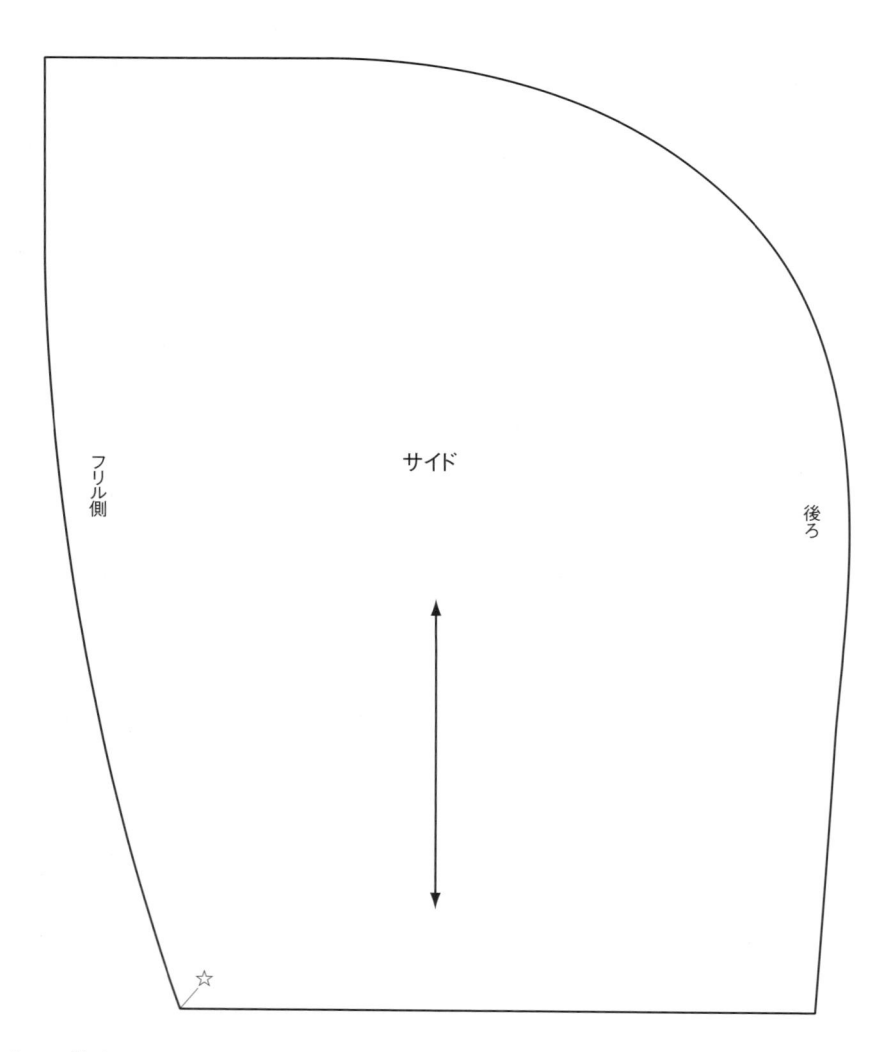

30 小さなソーイングセット
59 PAGE

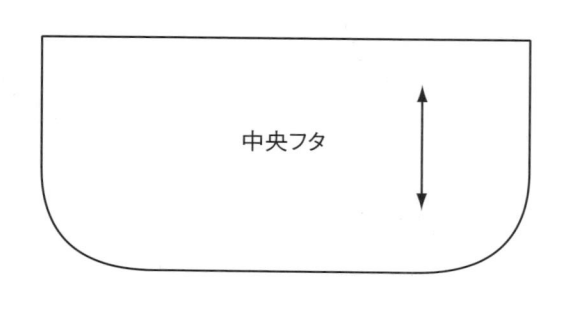

中央フタ

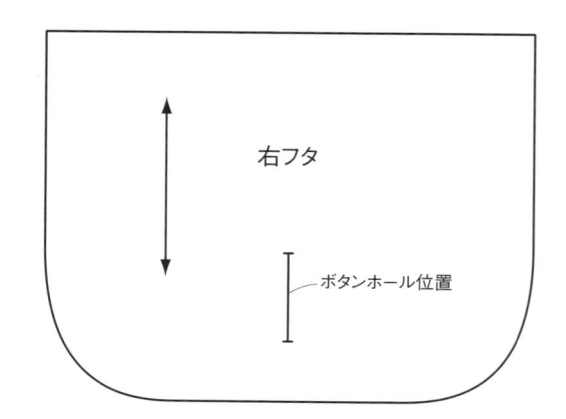

右フタ

ボタンホール位置

26 ベビーシューズ

51 PAGE

実物大型紙

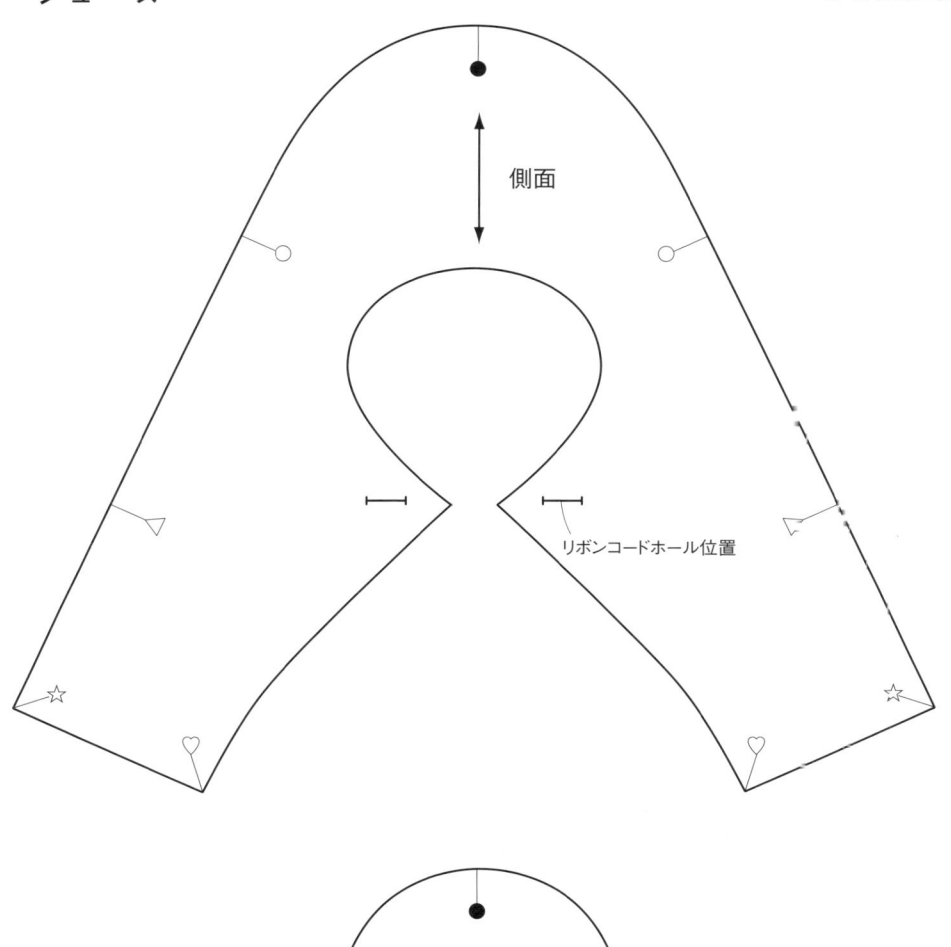

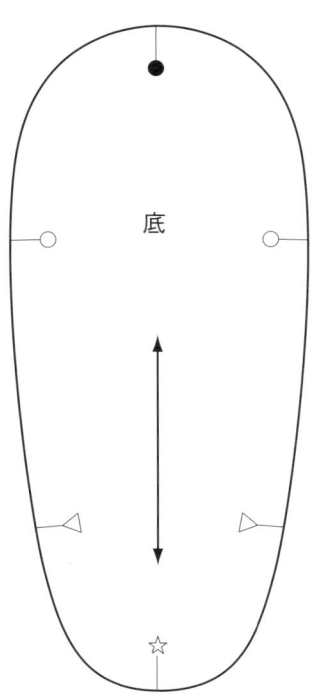

側面

リボンコードホール位置

底

Profile

在田佳代子 ありたかよこ

1992年より布の販売を始め、
1999年に web shop『CHECK&STRIPE』をスタートさせる。
その後、神戸、自由が丘、芦屋、吉祥寺に直営店を順次オープン。
ナチュラルでシンプル、ありそうでどこにもない
そんな天然素材の布を作り続けている。
近著に『CHECK&STRIPE 布屋のてづくり案内』(集英社)、
『CHECK&STRIPE FLORAL』(世界文化社)など。

撮影／新居明子
ブックデザイン／藤崎良嗣　植村明子　境 樹子 pond inc.
モデル／一井沙織　橋本楓生　関間恭子　花谷理子
ヘア＆メイク／草場妙子
作り方解説／リトルバード
作り方トレース／大楽里美
パターン／小林暁子　CHECK&STRIPE 田中文子 辻岡雅樹 三浦千穂
パターングレーディング／小林暁子
型紙トレース／安藤デザイン
作品製作／湯本美江子　CHECK&STRIPE 田中文子 辻岡雅樹 三浦千穂
海外撮影／在田佳代子
海外撮影協力／波多江佐保　机 宏典　高倉 愛
マップ製作／尾黒ケンジ
編集／岸山沙代子
協力／株式会社 リバティジャパン

CHECK & STRIPE みんなのてづくり
2010年6月12日　第1刷発行
2013年12月18日　第2刷発行

著　者	CHECK & STRIPE 在田佳代子
発行人	田中 恵
発行所	株式会社 集英社
	〒101-8050　東京都千代田区一ツ橋2-5-10
電　話	編集部03-3230-6340　販売部03-3230-6393
	読者係03-3230-6080
印刷・製本	凸版印刷株式会社

定価はカバーに表示してあります。造本には十分注意しておりますが、
乱丁・落丁(本のページの順序の間違いや抜け落ち)の場合はお取り替えいたします。
購入された書店名を明記して小社読者係宛にお送りください。ただし古書店で購入されたものについてはお取り替えできません。
本書の一部あるいは全部を無断で複写・複製することは、法律で認められた場合を除き、著作権の侵害になります。
また、業者など、読者本人以外による本書のデジタル化は、いかなる場合でも一切認められませんのでご注意ください。

© 2010 CHECK & STRIPE KAYOKO ARITA Printed in Japan　　ISBN978-4-08-780550-5 C2077